MW01705559

Eat Safe!
WWW.AMCOGROUP.BIZ

Saveurs d'Alep

Photos : Tango
Styliste culinaire : Jacques Faucher
Styliste accessoiriste : Luce Meunier
Design graphique : André Laplante
Traitement des images : Mélanie Sabourin
Infographie : Johanne Lemay

Nous remercions les commerçants qui nous ont gracieusement permis de prendre des photos dans leur établissement :

Bassé et frère, Dollard-des-Ormeaux
Fromagerie Marie Kadé, Boisbriand
Lino, Marché Jean-Talon
Pâtisserie Mahrouse, Montréal

Nous remercions les boutiques qui nous ont fourni les accessoires qui ont servi pour les photos :

Ares - Accessoires de cuisine
Wilfrid et Adrienne, Wesmount

Suivez les Éditions de l'Homme sur le Web.

Consultez notre site Internet et inscrivez-vous à l'infolettre pour rester informé en tout temps de nos publications et de nos concours en ligne. Et croisez aussi vos auteurs préférés et l'équipe des Éditions de l'Homme sur nos blogues !
www.editions-homme.com

10-10

© 2010, Les Éditions de l'Homme,
division du Groupe Sogides inc.,
filiale du Groupe Livre Quebecor Media inc.
(Montréal, Québec)

Tous droits réservés

Dépôt légal : 2010
Bibliothèque et Archives nationales du Québec

ISBN 978-2-7619-2965-3

DISTRIBUTEURS EXCLUSIFS :

Pour le Canada et les États-Unis :
MESSAGERIES ADP*
2315, rue de la Province
Longueuil, Québec J4G 1G4
Téléphone : 450 640-1237
Télécopieur : 450 674-6237
Internet : www.messageries-adp.com
* filiale du Groupe Sogides inc.,
filiale du Groupe Livre Quebecor Media inc.

Pour la France et les autres pays :
INTERFORUM editis
Immeuble Paryseine, 3, Allée de la Seine
94854 Ivry CEDEX
Téléphone : 33 (0) 1 49 59 11 56/91
Télécopieur : 33 (0) 1 49 59 11 33
Service commandes France Métropolitaine
Téléphone : 33 (0) 2 38 32 71 00
Télécopieur : 33 (0) 2 38 32 71 28
Internet : www.interforum.fr
Service commandes Export - DOM-TOM
Télécopieur : 33 (0) 2 38 32 78 86
Internet : www.interforum.fr
Courriel : cdes-export@interforum.fr

Pour la Suisse :
INTERFORUM editis SUISSE
Case postale 69 - CH 1701 Fribourg - Suisse
Téléphone : 41 (0) 26 460 80 60
Télécopieur : 41 (0) 26 460 80 68
Internet : www.interforumsuisse.ch
Courriel : office@interforumsuisse.ch
Distributeur : OLF S.A.
ZI. 3, Corminboeuf
Case postale 1061 - CH 1701 Fribourg - Suisse
Commandes :
Téléphone : 41 (0) 26 467 53 33
Télécopieur : 41 (0) 26 467 54 66
Internet : www.olf.ch
Courriel : information@olf.ch

Pour la Belgique et le Luxembourg :
INTERFORUM BENELUX S.A.
Fond Jean-Pâques, 6
B-1348 Louvain-La-Neuve
Téléphone : 32 (0) 10 42 03 20
Télécopieur : 32 (0) 10 41 20 24
Internet : www.interforum.be
Courriel : info@interforum.be

Gouvernement du Québec - Programme de crédit d'impôt pour l'édition de livres - Gestion SODEC - www.sodec.gouv.qc.ca

L'Éditeur bénéficie du soutien de la Société de développement des entreprises culturelles du Québec pour son programme d'édition.

Le Conseil des Arts du Canada
The Canada Council for the Arts

Nous remercions le Conseil des Arts du Canada de l'aide accordée à notre programme de publication.

Nous reconnaissons l'aide financière du gouvernement du Canada par l'entremise du Fonds du livre du Canada pour nos activités d'édition.

Dalal Kadé-Badra
Elie Badra

Saveurs d'Alep

LES ÉDITIONS DE L'HOMME
Une compagnie de Quebecor Media

La cuisine de ma mère

De toutes les images de mon enfance qui parcourent mon imagination – et elles sont variées –, celles qui se rattachent à la cuisine familiale sont les plus marquantes. Le souvenir des arômes envoûtants de la cuisine de ma mère est ancré en moi, et c'est ce qui m'a incité à écrire ce livre avec elle. Ma mère a hérité son savoir culinaire de la sienne, ma grand-mère, originaire d'Alep, ville dont la réputation n'est plus à faire dans le domaine gastronomique.

Chez nous, la cuisine a toujours été la pièce centrale de la maison, son organe vital. Il est de coutume de voir la parenté arriver sans préavis pour prendre part aux agapes. Cela n'a jamais dérangé ma mère, qui prépare toujours de la nourriture en quantité bien supérieure aux besoins de notre famille immédiate.

La cuisine de ma mère ne se limite pas à la préparation. Elle accorde une place centrale à la décoration de la table, qui séduit les yeux avant que les mets satisfassent les papilles. Je me souviens de ses trouvailles ingénieuses pour substituer aux ingrédients d'Alep – souvent introuvables au Québec lorsque j'étais enfant – des produits disponibles localement qui n'altéraient pas les saveurs traditionnelles.

C'est aussi cette ingéniosité de ma mère que j'ai envie de partager dans ce livre. Vous y découvrirez les mille et un petits trucs qui font les délices des plats d'Alep, issus d'une cuisine ancestrale des plus raffinées. Cela dit, je cède maintenant la parole à ma mère.

Elie Badra

Avec ce livre, je veux, tout comme mon fils Elie, rendre hommage à ma mère, cette femme merveilleuse, dotée d'une patience d'ange, qui m'a légué sa passion de la cuisine. Ma mère m'a surtout inculqué l'importance de la présentation et de la décoration des plats. Du mélange harmonieux des ingrédients en passant par le souci de la cuisson jusqu'à l'attrait visuel du résultat final, tout compte dans la préparation d'un repas. Voilà ce qu'elle m'a appris.

Au fil des pages, j'espère rendre justice à la cuisine de ma mère et vous faire découvrir les saveurs d'Alep. C'est mon fils Elie qui, curieusement, en voulant toujours apprendre des recettes faciles et rapides à exécuter, m'a donné le goût et l'envie de livrer les miennes.

Nous, les femmes d'Alep, depuis des générations, nous nous transmettons de mère en fille une tradition culinaire qui n'a cessé d'évoluer, de s'enrichir et de se raffiner. Il va donc sans dire que de maison en maison, il y a toujours ce petit quelque chose, cette variante qui distille une saveur particulière qui nous différencie les unes des autres sans jamais nous opposer.

Dalal Kadé-Badra

Les saveurs d'Alep

Sur la route des épices et de la soie, entre l'Euphrate et la Méditerranée, Alep est l'une des plus anciennes villes du monde. Carrefour entre l'Orient et l'Occident, elle est, depuis des millénaires, une ville stratégique et métissée. Deuxième ville en importance de la Syrie, elle est sa capitale de la gastronomie.

La cuisine d'Alep tire ses origines des influences persanes, européennes, asiatiques et ottomanes. Cet art culinaire élaboré se caractérise par deux techniques: celle du feuilleté, héritage de la cuisine persane, que l'on utilise principalement pour les pâtisseries et les petits chaussons garnis; la seconde technique est celle du farci, héritage ottoman, très utile pour les boyaux et les légumes évidés. La créativité et l'imagination des femmes d'Alep ont transformé un simple mélange de viande et de bourghol en un art très complexe, le kebbé, que l'on peut cuire au four, frire à la poêle, bouillir, griller sur les braises ou manger cru.

La cuisine, pour les habitants d'Alep, est un lieu de partage et de joie de vivre. Les plats se préparent en grande quantité et sont disposés pour former une sorte de buffet, où chacun peut se servir à sa guise. Qu'il y ait 6, 10 ou 50 convives, tous sont les bienvenus, et il y a toujours amplement de quoi se régaler. Un repas avec des invités est normalement constitué de quatre ou cinq entrées, de deux plats principaux et de deux desserts. Il y en a pour satisfaire tous les palais.

Un autre trait typique de la cuisine alépine est le savant mélange des goûts sucrés et salés. Les fruits et certains desserts sont souvent servis avec du fromage, alors que la viande peut être accompagnée d'une sauce aux cerises ou à la grenade. Dans une recherche infinie de nouveauté, saveurs et arômes sont mariés avec goût.

Bien que les produits moyen-orientaux soient de plus en plus répandus en Occident, certains aliments y sont encore peu connus. Je vous présente donc quelques ingrédients et mets typiques de la cuisine d'Alep, qui font la particularité des recettes que vous retrouverez dans ce livre, ainsi qu'un outil de travail essentiel pour bien les réussir.

Quelques ingrédients typiques
de la cuisine d'Alep

Beurre clarifié
(huile de beurre, samneh ou ghee)
Beurre fondu débarrassé de ses impuretés (caséine, protéines, petit-lait, etc.). Le beurre clarifié se conserve mieux et supporte des températures plus élevées que le beurre naturel.

Cerise d'Alep ou karaz halabi
Acide comme la griotte, la cerise d'Alep est plus foncée. On l'utilise pour faire de la confiture, du sorbet ou de la liqueur.

Friké
Jeune blé vert grillé, très présent dans les repas festifs.

Grenade
La saison des grenades commence fin août. Trois variétés poussent à Alep : la grenade sucrée *(helou)*, acidulée *(laffan)*, et sure *(hamod)*. Le jus de grenade est utilisé à longueur d'année.

Habra
Viande hachée de bœuf ou d'agneau, très maigre, que l'on trouve dans la plupart des boucheries moyen-orientales.

Hansa
(ward jouri)
À la mi-mai, les fleurs de cette rose envahissent les marchés de la ville. C'est le moment où chaque famille prépare ses conserves de confitures de pétales de rose.

Kebbé
Mélange de habra, de boulgour, d'oignon, de sel fin et d'eau. On en façonne de petites boulettes de formes différentes.

Laban
Yogourt traditionnel du Moyen-Orient, au goût suret. Dans les épiceries, on le trouve généralement sous le nom de yogourt méditerranéen.

Méchoui
Signifie « grillade » au Moyen-Orient. Selon les coutumes de chaque pays, divers types de viande peuvent être utilisés, mais on retrouve le plus souvent l'agneau, le poulet et le bœuf.

Piment d'Alep
Piment au parfum riche et fruité, cultivé dans la région d'Alep, qui rehausse les plats traditionnels du Moyen-Orient. Il est assez piquant, sans l'être autant que le piment de Cayenne. On trouve du piment d'Alep moulu dans certaines épiceries fines et moyen-orientales.

Pistaches d'Alep
(foustoq halabi)
Pistaches qui craquent sous la pleine lune de fin d'été, signe qu'elles doivent être cueillies. En bonne quantité, elles enrichissent une foule de recettes.

Verjus
Jus au goût acide fait à partir de raisins verts n'ayant pas mûri. On le trouve dans certaines épiceries moyen-orientales. Dans les recettes, il peut être remplacé, à la rigueur, par du jus de citron fraîchement pressé.

Concentré de grenade
Sirop utilisé dans de nombreux plats salés pour leur conférer un goût légèrement acidulé.

Poêle à omelette du Moyen-Orient

Semblable à une poêle à blinis, la poêle à omelette est fabriquée en aluminium. On la trouve dans la majorité des épiceries moyen-orientales.

Fromage tressé

Fromage d'origine alépine ; sa fabrication est presque un secret de famille. On le fait à partir de fromage frais. Fondre le fromage dans de l'eau, l'étirer, le tresser à la main en nattes et le mettre dans la saumure pour conservation. Le fromage tressé peut être gardé ainsi pendant un an. Au moment de le consommer, il suffit de le passer à l'eau froide pour le dessaler.

Fromage d'Alep en cubes

Fromage coupé en cubes de 5 cm (2 po) et conservé dans la saumure. Il est meilleur quand il est consommé frais, âgé de quelques jours à peine.

Dakka

Mélange de piment de la Jamaïque (40 %), de poivre noir (30 %), de cannelle concassée (10 %), de cardamome verte entière (5 %), de clous de girofle (10 %) et de noix de muscade concassée (5 %). Les doses varient selon les familles.

← *Infuseur à épices*

Sumac

Épice obtenue à partir des graines du rhus, un arbuste originaire de Turquie. Son goût acidulé et parfumé relève les salades. On le trouve moulu dans les épiceries moyen-orientales. **Attention : Le sumac qui pousse en Amérique est un arbuste plutôt ornemental, non comestible et très toxique.**

Bourghol ou boulgour

Blé dur, débarrassé du son qui l'enveloppe, précuit à la vapeur avant d'être séché et concassé. On trouve dans le commerce du bourghol nos 1, 2 et 3, le no 1 étant le plus fin.

entrées et salades

- mazza - / - salata -

PRÉPARATION **45 min** CUISSON **30 à 45 min** PORTIONS **8 à 10**

Aubergines farcies

- Yolangi halabi -

Ingrédients

15 à 18 aubergines miniatures
2 c. à soupe de concentré de grenade
2 c. à soupe de jus de citron frais
1 c. à café (1 c. à thé) de sel fin

Farce :
2 c. à soupe d'huile d'olive
1 oignon, haché
100 g (½ tasse) de riz calrose, bien rincé
15 g (½ tasse) de persil plat frais, haché
30 g (¼ tasse) de noix de Grenoble, hachées grossièrement
1 c. à soupe de concentré de grenade
½ c. à café (½ c. à thé) de sel fin
½ c. à café (½ c. à thé) de piment d'Alep moulu
½ c. à café (½ c. à thé) de dakka

Préparation

Pour préparer la farce :
Dans une grande poêle, chauffer l'huile d'olive à feu vif. Faire revenir les oignons et le riz de 4 à 5 minutes. Ajouter le persil, les noix, le concentré de grenade, le sel, le piment et le dakka.
Cuire à feu doux pendant 5 minutes et réserver.

Couper les têtes des aubergines. Vider et réserver la chair pour un usage ultérieur. Laver les aubergines et les laisser égoutter en les retournant de 5 à 10 minutes.

Farcir les aubergines avec la farce sans trop la presser (le riz pourrait faire éclater l'aubergine en cours de cuisson). Ranger les aubergines dans une casserole, face coupée vers le haut. Ajouter le concentré de grenade, le jus de citron et le sel. Verser de l'eau jusqu'à hauteur des aubergines. Poser une assiette à l'envers sur les aubergines pour qu'elles restent bien immergées. Porter à ébullition. Réduire à feu doux et laisser mijoter de 30 à 45 minutes, jusqu'à ce qu'une fourchette puisse percer l'aubergine.

Note

Si vous en avez la patience et l'envie, voici une autre façon de procéder. Blanchir des feuilles de bettes à carde dans une grande casserole d'eau bouillante salée. Égoutter et laisser refroidir. Couper les feuilles en deux et retirer la partie dure du milieu à l'aide d'un couteau. Mettre une cuillère à soupe et faire des triangles.

PRÉPARATION **15 min** CUISSON **30 min** PORTIONS **6 à 8**

Babaghanouj à la grenade

- Babaghanouj bel reman -

Ingrédients

3 aubergines moyennes
360 g (2 tasses) de tomates, en dés
30 g (1 tasse) de persil plat frais, haché
200 g (1 tasse) de poivrons verts, en dés
60 g (½ tasse) de pépins de grenade
125 ml (½ tasse) de jus de grenade
1 c. à café (1 c. à thé) d'ail, en purée
2 c. à soupe de jus de citron frais
1 c. à café (1 c. à thé) de sel fin
60 ml (¼ tasse) d'huile d'olive

Variante

En hiver, faute de barbecue, faites plutôt griller les aubergines au four à 230 °C (450 °F).

Préparation

Préchauffer le barbecue. Huiler la grille d'huile végétale.

Percer les aubergines à l'aide d'une fourchette. Faire griller sur le barbecue environ 30 minutes, jusqu'à ce qu'elles ramollissent, en prenant soin de les retourner de temps à autre.

Éplucher rapidement les aubergines tandis qu'elles sont chaudes. Passer la chair au pied-mélangeur en faisant quelques pulsations rapides.

Dans un bol, mélanger les tomates, le persil, les poivrons, la moitié des pépins de grenade et la purée d'aubergines. Dans un autre petit bol, mélanger le jus de grenade, l'ail, le jus de citron, le sel et l'huile d'olive. Mélanger avec la purée d'aubergine. Décorer avec les pépins de grenade restants.

Il existe plusieurs variétés d'aubergines. J'utilise l'aubergine pourpre de taille moyenne. Sa chair est blanche, spongieuse et contient peu de graines. De plus, elle donne un goût moins amer à cette recette.

PRÉPARATION **45 min** CUISSON **30 min** PORTIONS **6 à 8**

Ïtche

- Salade de bourghol à la grenade -

Ingrédients

200 g (1 tasse) de bourghol nº 1
540 g (3 tasses) de tomates, en petits dés
45 g (1 ½ tasse) de persil frais, haché
200 g (1 tasse) de poivrons verts, en petits dés
160 g (1 tasse) d'oignons, en petits dés
½ c. à café (½ c. à thé) de sel

Vinaigrette :
3 c. à soupe de concentré de grenade
1 c. à soupe de concentré de tomate
1 c. à café (1 c. à café) de concentré de piment fort (facultatif)
2 c. à café (2 c. à thé) de sel
1 c. à soupe de jus de citron frais
175 ml (¾ tasse) d'huile d'olive

Préparation

Verser le bourghol dans un grand saladier. Ajouter les tomates afin que le bourghol absorbe leur jus et laisser gonfler pendant 30 minutes.

Ajouter le persil, les poivrons, les oignons et le sel. Bien mélanger.

Dans un bol, bien mélanger tous les ingrédients qui composent la vinaigrette. Verser dans le saladier et bien mélanger.

Cette recette est une variante du taboulé. Il existe une dizaine de façons de faire la ïtche. Voici celle qui fait sensation dans ma famille.

PRÉPARATION **40 à 60 min** CUISSON **30 à 45 min** PORTIONS **8 à 10**

Artichauts et carottes au citron

- Chowki stambouli -

Ingrédients

10 gros artichauts
330 g (11 oz) de petites carottes
20 oignons perlés, pelés
75 g (½ tasse) de petits pois (facultatif)
250 ml (1 tasse) d'huile d'olive
500 ml (2 tasses) d'eau
2 c. à café (2 c. à thé) de sel fin
1 c. à café (1 c. à thé) de piment de la Jamaïque moulu
125 ml (½ tasse) de jus de citron frais

Préparation

Parer les artichauts et retirer les pointes à l'aide d'une petite cuillère. Mettre dans l'eau citronnée pour éviter qu'ils noircissent.

Mettre les artichauts égouttés dans une grande casserole. Ajouter tous les autres ingrédients et porter à ébullition. Réduire la température à feu moyen et laisser mijoter de 30 à 45 minutes.

Laisser refroidir avant de servir.

J'adore les artichauts, que ce soit dans les barbecues, marinés ou crus dans une bonne salade. Dès que j'en vois au marché, c'est plus fort que moi, j'ai envie d'en acheter.

PRÉPARATION **30 min** CUISSON **10 min** TEMPS DE CONGÉLATION **12 à 24 h** PORTIONS **6 à 8**

Saucisses épicées

- Soujok -

Ingrédients

1 kg (2 lb) de bœuf haché mi-maigre
2 c. à café (2 c. à thé) de cumin moulu
1 c. à soupe de sel fin
1 c. à soupe de dakka moulu
1 c. à soupe d'ail, en purée
1 c. à soupe de concentré de piment fort
1 c. à soupe de pâte de tomates
3 c. à soupe de beurre

Variante

Si on ne veut pas faire de sandwiches, on peut ajouter 2 tomates en dés aux saucisses cuites, cuire de 5 à 10 minutes de plus et servir dans un plat de service.

Préparation

Dans un grand bol, mélanger la viande avec le cumin, le sel, le dakka, l'ail, le concentré de piment et la pâte de tomates.

Façonner des saucisses de 3 cm (1 po) de diamètre ayant 12 cm (5 po) de longueur.

Mettre les saucisses sur une plaque à biscuits tapissée de papier sulfurisé. Couvrir et congeler de 12 à 24 heures.

Sortir les saucisses du congélateur et les couper en biais en morceaux de 1,5 cm (½ po).

Dans une grande poêle, fondre le beurre à feu vif jusqu'à coloration noisette et cuire les morceaux de saucisses congelées de 3 à 4 minutes de chaque côté. (On utilise des saucisses congelées afin qu'elles conservent leur forme.)

Servir en sandwich avec des tranches de tomate et des cornichons et faire griller dans un presse-panini.

PRÉPARATION **30 à 40 min** CUISSON **30 min** REPOS **2 à 4 h** PORTIONS **10 à 12**

Mortadelle d'Alep

- Martadella halabyé -

Ingrédients

1 kg (2 lb) de viande habra
2 c. à café (2 c. à thé) d'ail, en purée
2 c. à café (2 c. à thé) de sel fin
2 c. à café (2 c. à thé) de dakka moulu

Garniture :
120 g (1 tasse) de pistaches, écalées
Sel fin
Dakka moulu

Court-bouillon :
750 ml (3 tasses) de vinaigre de vin
375 ml (1 ½ tasse) d'eau
1 c. à café (1 c. à thé) de sel

Délicieux en sandwich accompagnés de Mhammara (page 28), de tranches de tomate ou de cornichons.

Préparation

Dans un grand bol, mélanger la viande habra avec l'ail, le sel et le dakka. Séparer en trois portions.

Mouiller le fond d'une assiette. Aplatir une portion et former une rondelle de 20 cm (8 po). Couvrir uniformément de pistaches et bien les faire adhérer à la viande. Assaisonner d'une pincée de sel et de dakka. Avec les mains humectées, rouler et bien serrer pour former un gros rouleau. Lisser à l'eau. Soulever le rouleau et le laisser tomber brusquement dans l'assiette pour bien faire adhérer. Refermer soigneusement les extrémités. Répéter avec les autres deux portions de viande.

Dans une grande casserole, porter à ébullition le vinaigre, l'eau et le sel. Ajouter délicatement les rouleaux, couvrir et porter à ébullition. Laisser mijoter à feu doux pendant 30 minutes.

Retirer les rouleaux du bouillon et les mettre sur une plaque à biscuits. Bien couvrir de pellicule plastique. Mettre une autre plaque à biscuits par-dessus et ajouter un poids. Laisser refroidir de 2 à 3 heures.

Réfrigérer les rouleaux dans un contenant hermétique.

PRÉPARATION **15 à 30 min** PORTIONS **10 à 12**

Mhammara

- Tartinade de poivron rouge aux noix -

Ingrédients

8 poivrons rouges
3 petits piments rouges forts
6 c. à soupe d'huile d'olive
2 c. à café (2 c. à thé) de sel fin
120 g (1 tasse) de chapelure
2 c. à soupe de concentré de grenade
2 c. à soupe de jus de citron frais
180 g (1 ½ tasse) de noix de Grenoble, hachées
Quelques noix de Grenoble entières (pour décorer)

Préparation

Couper grossièrement les poivrons et les piments. Pulvériser à l'aide du robot culinaire. Ajouter l'huile d'olive et le sel et mélanger pour faire une pâte lisse.

Verser dans un grand bol. Ajouter la chapelure, le concentré de grenade, le jus de citron et les noix hachées. Bien mélanger.

Servir dans un plat de service et décorer avec quelques noix de Grenoble entières.

Accompagner de Martadella halabyé (page 26).

PRÉPARATION **30 min** PORTIONS **10 à 12**

Salade de chou-fleur

- Saltét el zahra -

Ingrédients

60 ml (¼ tasse) de vinaigre de cidre de pomme
2 c. à café (2 c. à thé) de sel fin
¼ c. à café (¼ c. à thé) de poivre noir du moulin
¼ c. à café (¼ c. à thé) de piment d'Alep
2 c. à soupe de mélange d'assaisonnement pour légumes du commerce
60 ml (¼ tasse) d'huile d'olive
1 oignon rouge, émincé finement
1 kg (5 tasses) de chou-fleur, en petits bouquets (couleurs variées)
1 kg (5 tasses) de brocoli, en petits bouquets
300 g (1 ½ tasse) de carottes, émincées finement
225 g (1 ½ tasse) de céleri, émincé finement
120 g (1 tasse) de canneberges séchées
120 g (1 tasse) d'amandes effilées, rôties

Préparation

Dans un grand saladier, mélanger le vinaigre, le sel, le poivre, le piment d'Alep et l'assaisonnement pour légumes avec l'huile d'olive. Ajouter les oignons et bien mélanger.

Ajouter les légumes, les canneberges et les amandes. Bien mélanger.

Note

Pour faire une salade plus colorée, ajoutez des tomates cerises entières. Cette recette donne une grande quantité, mais elle se conserve de 3 à 4 jours au réfrigérateur.

PRÉPARATION **30 min** CUISSON **20 min** REPOS **30 min** PORTIONS **10 à 12**

Kébbés aux œufs

- Kébbé bel baid -

Ingrédients

8 gros œufs
1 petit oignon, râpé
200 g (1 tasse) de bourghol n° 1
1 c. à café (1 c. à thé) de sel fin
175 à 250 ml (¾ à 1 tasse) d'eau
240 g (8 oz) de viande habra

Garniture :
Pépins de grenade
Poivrons de couleurs, en dés
Menthe et persil frais, hachés

Ce plat est très beau à cause de la variété des couleurs qui le composent. C'est pourquoi ma mère aimait toujours l'inclure dans sa sélection d'entrées.

Préparation

Mettre les œufs dans une grande casserole, couvrir d'eau et saler. Porter à ébullition et laisser bouillir de 8 à 10 minutes.

Rincer les œufs cuits à l'eau froide, éponger, écaler et réserver.

Dans un grand bol, mélanger les oignons, le bourghol et le sel. Ajouter l'eau et bien mélanger. Ajouter graduellement la viande tout en pétrissant jusqu'à l'obtention d'une pâte facile à travailler. (Procéder avec les mains mouillées à l'eau froide pour empêcher le mélange de coller.)

Diviser la préparation en 8 portions. Mettre une boulette dans la paume de la main. Enfoncer l'index de l'autre main et faire une cavité d'une extrémité à l'autre de la boulette sans percer pour former un puits en pressant légèrement. Faire pivoter le kébbé jusqu'à obtenir la forme d'un coquetier assez grand pour y déposer un œuf dur. Fermer l'ouverture.

Porter de l'eau à ébullition dans une grande casserole avec du sel.

Ajouter les kébbés et cuire à feu vif pendant 10 minutes.

Retirer les kébbés de l'eau et réfrigérer dans un contenant hermétique.

Couper chaque kébbé en quatre et décorer au goût avec les pépins de grenade, les poivrons, la menthe et le persil.

PRÉPARATION **30 min** CUISSON **10 à 15 min** PORTIONS **6 à 8**

Saucisses d'Alep

- Salsijo -

Ingrédients

1 kg (2 lb) de bœuf haché mi-maigre
1 c. à soupe de sel fin
1 ½ c. à soupe de dakka moulu
30 g (¼ tasse) de pignons
3 c. à soupe de beurre

Préparation

Dans un grand bol, mélanger le bœuf, le sel, le dakka et les pignons.

Façonner des saucisses de 4 cm (1 ½ po) de longueur.

Dans une grande poêle, fondre le beurre à feu vif jusqu'à coloration noisette. Saisir les saucisses 2 minutes de chaque côté.

Servir avec une salade de pommes de terre.

Les Saucisses d'Alep et les Saucisses épicées (page 25) sont traditionnellement confectionnées dans un boyau. J'ai adapté les recettes afin qu'elles nécessitent une préparation moins longue et moins compliquée.

PRÉPARATION **15 min** CUISSON **45 min** PORTIONS **6 à 8**

Poulet au tahiné

- Djédj' tarator -

Ingrédients

500 g (1 lb) de poitrines de poulet, sans peau et désossées
1 c. à soupe de dakka entier dans l'infuseur à épices
1 petit oignon, coupé en quatre
1 c. à café (1 c. à thé) de sel fin

Sauce tahiné :
250 g (1 tasse) de tahiné (pâte de sésame)
60 ml (¼ tasse) de jus de citron
1 c. à café (1 c. à thé) d'ail, en purée
1 c. à café (1 c. à thé) de sel fin
250 ml (1 tasse) d'eau
3 c. à soupe de yogourt laban

Garnitures :
Olives noires
Persil frais, haché
Poivrons rouges, hachés

Préparation

Mettre le poulet dans une grande casserole, couvrir d'eau froide et porter à ébullition. Écumer. Ajouter l'infuseur à épices avec les oignons et le sel. Laisser mijoter à feu doux de 30 à 45 minutes, jusqu'à ce que la volaille soit bien cuite. Retirer le poulet de la casserole et laisser tiédir. Défaire la chair en filaments à l'aide d'une fourchette et réserver.

Mélanger le tahiné, le jus de citron, l'ail, le sel, l'eau et le yogourt. Réserver 125 ml (½ tasse) de ce mélange et ajouter graduellement le reste à la viande tout en mélangeant.

Servir sur un plateau, couvrir avec le reste du tahiné, des olives noires, du persil et des poivrons rouges.

Variante et conseil

Vous pouvez remplacer le poulet par la même quantité de contre-filet de bœuf Angus en cubes.

Je vous recommande de préparer votre purée d'ail en grande quantité à l'aide du robot culinaire en le hachant avec de l'huile d'olive. Conservée dans un pot hermétique, elle se garde au réfrigérateur pendant un mois. Vous aurez ainsi toujours la quantité nécessaire à portée de la main.

PRÉPARATION **15 min** CUISSON **30 à 45 min** PORTIONS **4 à 6**

Salade de pommes de terre

- Saltét el batatá -

Ingrédients

1 kg (2 lb) de pommes de terre entières non pelées
60 ml (¼ tasse) de jus de citron frais
1 c. à café (1 c. à thé) de sel fin
1 c. à café (1 c. à thé) de piment de la Jamaïque moulu
60 ml (¼ tasse) d'huile d'olive
80 g (½ tasse) d'oignons, en dés
15 g (½ tasse) de persil plat frais, haché

Préparation

Cuire les pommes de terre dans une casserole d'eau bouillante salée.

Dans un bol, mélanger le jus de citron, le sel, le piment de la Jamaïque et l'huile d'olive. Ajouter les oignons et le persil. Réserver.

Rincer les pommes de terre à l'eau froide. Peler immédiatement et couper en cubes de 2 cm (¾ po).

Mettre les pommes de terre dans un saladier. Verser la vinaigrette et bien mélanger.

Je prépare souvent cette salade à la dernière minute parce que les saveurs sont plus prononcées lorsque les pommes de terre sont encore tièdes. Elle se conserve de 2 à 3 jours au réfrigérateur.

PRÉPARATION **15 min** PORTIONS **4 à 6**

Salade de tomates et d'oignons

- Banadora wa bassal -

Ingrédients

360 g (2 tasses) de tomates, en cubes
½ oignon, en dés
3 c. à soupe d'huile d'olive
½ c. à café (½ c. à thé) de sel fin
¼ c. à café (¼ c. à thé) de piment d'Alep moulu

Préparation

Mélanger les tomates et les oignons dans un bol.

Dans un petit bol, mélanger l'huile d'olive, le sel et le piment d'Alep. Verser sur les légumes et bien mélanger.

Servir avec du pain pita.

PRÉPARATION **30 min** CUISSON **30 à 45 min** PORTIONS **4 à 6**

Salade de betteraves

- Saltét el chawandar -

Ingrédients

3 à 4 betteraves moyennes, cuites, pelées et coupées en cubes de 2 cm (3/4 po).
55 g (1/3 tasse) d'oignons, en dés
15 g (1/2 tasse) de persil plat frais, haché grossièrement
3 c. à soupe de vinaigre de vin
60 ml (1/4 tasse) d'huile d'olive
1/2 c. à café (1/2 c. à thé) de sel fin
60 g (1/2 tasse) d'olives vertes, dénoyautées (facultatif)

Préparation

Dans un saladier, mélanger les betteraves, les oignons et le persil. Réserver.

Dans un petit bol, mélanger le vinaigre, l'huile d'olive et le sel. Verser sur la salade et bien mélanger. Garnir d'olives.

PRÉPARATION **20 min** PORTIONS **4 à 6**

Salade de chou

- Saltét el laghana -

Ingrédients

1 chou blanc moyen, râpé (800 g/4 tasses)
1 1/2 c. à soupe de vinaigre de vin
1 c. à café (1 c. à thé) de sel fin
1/2 c. à café (1/2 c. à thé) de piment fort d'Alep
1 c. à café (1 c. à thé) de menthe séchée
1/2 c. à café (1/2 c. à thé) d'ail, en purée
1 1/2 c. à soupe de jus de citron frais
1/2 c. à café (1/2 c. à thé) de cumin moulu
60 ml (1/4 tasse) d'huile d'olive

Préparation

Mettre le chou dans un grand saladier.

Dans un bol, mélanger le vinaigre, le sel, le piment, la menthe, l'ail, le jus de citron, le cumin et l'huile d'olive. Verser sur le chou et bien mélanger.

Note

On peut préparer cette recette la veille.

PRÉPARATION **20 min** CUISSON **30 à 45 min** PORTIONS **4 à 6**

Poulet aux poivrons rouges

- Djédje charkâss -

Ingrédients

480 g (1 lb) de poitrines de poulet, sans peau et désossées
750 ml (3 tasses) d'eau froide
1 c. à soupe de mélange d'épices dakka entier dans un infuseur à épices
600 g (3 tasses) de poivrons rouges, hachés
120 g (1 tasse) de noix de Grenoble, hachées grossièrement
2 c. à café (2 c. à thé) de sel fin
¼ c. à café (¼ c. à thé) de poivre noir

Préparation

Faire bouillir les poitrines de poulet dans une grande casserole avec l'eau. Écumer la surface et ajouter l'infuseur à épices. Baisser le feu et laisser mijoter de 30 à 45 minutes, jusqu'à cuisson complète des poitrines de poulet. Retirer du feu et laisser refroidir.

Hacher finement les poivrons et les noix à l'aide du robot culinaire. Réserver 200 g (1 tasse) de cette préparation.

Retirer les poitrines de poulet du bouillon et réserver celui-ci. Défaire les poitrines en filaments. Saler et poivrer, puis ajouter le restant de la préparation aux poivrons et aux noix ainsi que 5 c. à soupe de bouillon de poulet. Bien mélanger et verser dans un plat de service.

Décorer avec la préparation aux poivrons et aux noix réservée.

On réclamait souvent cette recette à ma mère puisqu'il s'agissait d'une de ses spécialités. C'est maintenant à mon tour de me la faire demander.

PRÉPARATION **10 min** PORTIONS **4 à 6**

Tartare de kebbé

- Kébbé nayé -

Ingrédients

1 oignon, râpé
150 g (¾ tasse) de bourghol n° 1, bien rincé
1 c. à café (1 c. à thé) de sel fin
175 à 250 ml (¾ à 1 tasse) d'eau
500 g (1 lb) de viande habra

Garnitures :
Menthe fraîche, hachée
Huile d'olive extravierge
Concentré de piment fort

Préparation

Mélanger les oignons, le bourghol, le sel et un peu d'eau. Commencer à pétrir le mélange jusqu'à ce qu'il devienne collant. Ajouter la viande et pétrir en rajoutant un peu d'eau à la fois.

Dresser dans une assiette de service et décorer de menthe hachée.

Présenter avec de l'huile d'olive d'excellente qualité et du concentré de piment fort.

Note

On pétrit habituellement la préparation à la main, mais vous pouvez aussi le faire à l'aide du robot culinaire.

Cette recette à base d'agneau ou de bœuf est typique de la gastronomie d'Alep.

PRÉPARATION **15 min** CUISSON **20 min** REPOS **30 min** RENDEMENT **12 à 15 galettes**

Falafels vite faits

Ingrédients

Pâte à falafels :
150 g (1 tasse) de mélange en poudre pour falafels
1 c. à café (1 c. à thé) de levure chimique (poudre à pâte)
1 c. à café (1 c. à thé) de cumin moulu
1 c. à café (1 c. à thé) de coriandre moulue
175 ml (3/4 tasse) d'eau
1 œuf
Huile végétale pour la friture

Sauce tahiné :
125 ml (1/2 tasse) de tahiné (pâte de sésame)
2 c. à soupe de jus de citron frais
1/2 c. à café (1/2 c. à thé) de sel fin
1 1/2 c. à soupe de yogourt
125 à 175 ml (1/2 à 3/4 tasse) d'eau

Préparation

Pâte :
Dans un grand bol, mélanger à la fourchette la poudre pour falafels, la levure chimique, le cumin et la coriandre. Ajouter l'eau et l'œuf, bien mélanger. Laisser reposer 30 minutes.

Chauffer 3 cm (1 1/4 po) d'huile végétale dans une grande poêle.

Former des galettes à l'aide d'un pressoir à falafels. Faire un trou au centre avec l'index. Frire de 1 à 2 minutes de chaque côté dans l'huile bien chaude, jusqu'à ce qu'elles deviennent croustillantes.

Sauce tahiné :
Mélanger tous les ingrédients de la sauce dans un bol et ajouter l'eau graduellement jusqu'à l'obtention de la consistance désirée.

Écraser deux galettes de falafel dans un petit pain pita, ajouter des tomates et des dés de navets marinés. Napper de sauce tahiné au goût.

À Alep, mon père ne mettait jamais les pieds dans la cuisine puisque c'était le territoire de ma mère. Lorsqu'il est venu vivre au Québec, sa santé est devenue plus fragile et les journées lui ont parfois semblé trop longues. Un jour, il a voulu m'aider dans la cuisine et nous avons confectionné des falafels. Que de plaisir et de fous rires partagés ce jour-là ! Je n'oublierai jamais ce moment.

PRÉPARATION **30 min** PORTIONS **4 à 6**

Salade Georges

- Saltét Georges -

Ingrédients

360 g (2 tasses) de tomates, en dés
100 g (½ tasse) de concombres, en dés
100 g (½ tasse) de poivrons verts, en dés
80 g (½ tasse) d'oignons, en dés
15 g (½ tasse) de persil frais, haché

Vinaigrette :
60 ml (¼ tasse) d'huile d'olive
4 c. à soupe de jus de citron
¼ c. à café (¼ c. à thé) de piment de la Jamaïque moulu
1 c. à café (1 c. à thé) de sel fin

Cette salade est encore plus savoureuse au mois d'août au moment de cueillir les tomates mûries au soleil. Mon mari Georges en raffole, et tout particulièrement lorsque je prends soin d'éplucher les tomates. C'est une attention spéciale qu'il apprécie.

Préparation

Dans un saladier, mélanger les légumes et le persil. Réserver.

Dans un bol, mélanger l'huile d'olive, le jus de citron, le piment de la Jamaïque et le sel. Verser sur les légumes et bien remuer.

Note

J'ajoute parfois 2 ou 3 c. à soupe de jus de grenade à cette recette.

plats végétariens

- siyémie -

PRÉPARATION **10 min** CUISSON **45 à 60 min** PORTIONS **4 à 6**

Soupe aux lentilles et au cumin

- Makhlouta -

Ingrédients

200 g (1 tasse) de lentilles rouges
100 g (½ tasse) de riz à grain long, bien rincé
50 g (¼ tasse) de bourghol nº 3
1 poivron rouge, coupé grossièrement
1 oignon moyen, râpé
2 c. à café (2 c. à thé) de sel fin
2 litres (8 tasses) d'eau
2 c. à café (2 c. à thé) de cumin moulu
1 grand ou 2 petits pains pitas
2 c. à soupe d'huile d'olive
1 oignon, en dés
60 ml (¼ tasse) d'huile d'olive

Préparation

Dans une grande casserole, à feu élevé, porter à ébullition les lentilles, le riz, le bourghol, les poivrons, les oignons râpés, le sel et l'eau. Laisser mijoter à feu moyen en remuant de temps à autre de 45 à 60 minutes, jusqu'à cuisson complète des lentilles et du riz.

Éteindre le feu, ajouter le cumin et mélanger.

Préchauffer le four à 180 °C (350 °F).

À l'aide d'un ciseau, couper le pain pita en carrés de 3 cm (1 po). Badigeonner avec 2 c. à soupe d'huile d'olive et cuire au four de 5 à 10 minutes, jusqu'à ce que le pain soit doré.

Dans une poêle, à feu élevé, faire revenir les oignons en dés dans 60 ml (¼ tasse) d'huile d'olive environ 1 minute, jusqu'à ce qu'ils soient translucides.

Mettre les oignons et leur huile de cuisson dans la soupe, bien mélanger et servir.

À table, mettre quelques morceaux de pita grillé dans chaque bol.

PRÉPARATION **30 à 45 min** CUISSON **30 min** PORTIONS **10 à 12**

Kébbés rusés

- Kébbé hilé -

Ingrédients

Pâte :
300 g (2 ½ tasses) de bourghol n° 1
375 g (2 ½ tasses) de farine tout usage
2 c. à café (2 c. à thé) d'ail, en purée
1 oignon, râpé
3 c. à café (3 c. à thé) de coriandre moulue
1 c. à café (1 c. à thé) de sel
375 ml (1 ½ tasse) d'eau

Sauce :
60 ml (¼ tasse) d'huile d'olive
2 oignons, en fines tranches
250 ml (1 tasse) d'eau
6 c. à soupe de pâte de tomates
125 ml (½ tasse) de jus de citron frais
2 c. à café (2 c. à thé) de sel fin

Variante

Voir recette de Kébbés rusés farcis, page 48.

Préparation

Pâte :
Mélanger le bourghol et la farine dans un grand bol. Ajouter l'ail, les oignons râpés, la coriandre et le sel. Bien mélanger. Ajouter l'eau en pétrissant jusqu'à ce que la pâte soit malléable.

Façonner des petites boulettes de la grosseur d'une cerise.

Porter une grande casserole d'eau salée à ébullition. Cuire les kébbés de 5 à 10 minutes. Bien égoutter dans une passoire et réserver.

Sauce :
Dans une grande poêle, à feu élevé, faire revenir les oignons en tranches dans l'huile d'olive pendant 1 minute.

Ajouter l'eau, la pâte de tomates, le jus de citron et le sel. Cuire à feu doux de 5 à 10 minutes.

Mettre les boulettes dans la sauce, éteindre le feu et servir.

Voici une version végétarienne du célèbre kébbé.

PRÉPARATION **45 à 60 min** CUISSON **30 min** RENDEMENT **65 à 70 boulettes**

Kébbés rusés farcis

- Kébbé arbaïn chahid -

Ingrédients

Une recette de Kébbés rusés (page 47)

Farce :
3 c. à soupe d'huile d'olive
2 oignons, en dés
60 g (2 tasses) de persil plat frais, haché
120 g (1 tasse) de noix de Grenoble, hachées grossièrement
1 c. à soupe de concentré de grenade
1 c. à café (1 c. à thé) de sel fin
½ c. à café (½ c. à thé) de piment d'Alep moulu

Sauce :
60 ml (¼ tasse) d'huile d'olive
2 oignons, en tranches
½ c. à café (½ c. à thé) d'ail, en purée
6 c. à soupe de pâte de tomates
2 c. à soupe de concentré de piment fort
125 ml (½ tasse) de jus de citron frais
2 c. à café (2 c. à thé) de sel fin
250 ml (1 tasse) d'eau

Préparation

Farce :
Dans une poêle, à feu élevé, faire revenir les oignons dans l'huile d'olive. Ajouter le persil, les noix, le concentré de grenade, le sel et le piment d'Alep. Cuire de 2 à 3 minutes, retirer du feu et laisser refroidir.

Kébbés rusés :
Faire des boulettes de la grosseur d'une prune avec le kébbé rusé. Déposer une boulette dans la paume de la main. Enfoncer l'index de l'autre main et faire une cavité d'une extrémité à l'autre de la boulette sans percer pour former un puits en pressant légèrement. Faire pivoter le kébbé jusqu'à obtenir la forme d'un coquetier. Farcir avec la préparation aux noix et fermer avec soin.

Sauce :
Dans une casserole, faire revenir les oignons dans l'huile d'olive pendant 1 minute. Ajouter l'ail, la pâte de tomates, le concentré de piment fort, le jus de citron, le sel et l'eau. Laisser réduire à feu doux de 5 à 10 minutes.

Faire bouillir de l'eau salée dans une grande casserole. Cuire les kébbés de 5 à 7 minutes. Bien égoutter, les mettre dans la sauce et servir.

PRÉPARATION **10 min** CUISSON **20 à 30 min** PORTIONS **4 à 6**

Moujadara

- Lentilles et bourghol -

Ingrédients

400 g (2 tasses) de lentilles vertes, bien rincées
1,12 litre (4 ½ tasses) d'eau
2 c. à café (2 c. à thé) de sel fin
200 g (1 tasse) de bourghol
125 ml (½ tasse) d'huile d'olive
1 gros oignon, émincé

Préparation

Dans une grande casserole, porter à ébullition les lentilles, l'eau et le sel à feu vif. Baisser à feu moyen et cuire pendant 5 minutes.

Ajouter le bourghol et cuire environ 10 minutes, jusqu'à évaporation de l'eau. Laisser reposer.

Dans une poêle, à feu vif, faire revenir les oignons dans l'huile d'olive jusqu'à caramélisation.

Retirer les oignons de l'huile et réserver. Verser l'huile de cuisson sur les lentilles et bien mélanger.

Verser dans un plat de service et décorer avec les oignons caramélisés.

Note

Ce mets est délicieux avec la Salade Georges (page 41).

Tout le monde veut manger les restants de moujadara ! Un jour, ma mère avait promis à mon mari Georges de lui garder les restants pour le lendemain. Mais, surprise ! c'est mon frère Alain qui a tout dévoré très tôt le matin après une longue nuit passée sur la route.

PRÉPARATION **30 min.** RENDEMENT **env. 600 g (4 tasses)** PORTIONS **4 à 6**

Omelette aux artichauts

- Edjet el chowki -

Ingrédients

6 œufs
4 cœurs d'artichauts frais, en petits dés
1 c. à café (1 c. à thé) de sel fin
1 c. à café (1 c. à thé) de piment de la Jamaïque moulu
1 c. à café (1 c. à thé) de farine tout usage
Huile de canola pour cuisson

Préparation

Battre les œufs dans un bol, ajouter les artichauts, le sel, le piment de la Jamaïque et la farine. Bien mélanger.

Dans une poêle à omelette typique Moyen-Orient (page 15), chauffer l'huile de canola à feu élevé. Ajouter 2 c. à soupe du mélange d'œufs dans chaque cavité. Cuire à feu vif de 1 à 2 minutes de chaque côté, jusqu'à ce qu'ils soient foncés. Retirer du feu et laisser reposer sur du papier absorbant.

PRÉPARATION **30 min** CUISSON **10 min** PORTIONS **4 à 6**

Omelette aux courgettes

- Edjet el koussa -

Ingrédients

5 œufs
500 g (2 ½ tasses) de courgettes, en dés
1 c. à café (1 c. à thé) de sel
2 c. à café (2 c. à thé) de piment de la Jamaïque
2 c. à café (2 c. à thé) de farine
Huile de canola pour cuisson
2 c. à soupe de pignons

Préparation

Mélanger les œufs dans un bol, ajouter les courgettes, le sel, le piment de la Jamaïque et la farine. Bien mélanger.

Dans une poêle à omelette typique Moyen-Orient (page 15), chauffer l'huile de canola à feu élevé. Ajouter 2 c. à soupe du mélange d'œufs dans chaque cavité. Cuire de 1 à 2 minutes de chaque côté, jusqu'à ce qu'ils soient foncés. Retirer du feu et laisser reposer sur du papier absorbant. Garnir de pignons et servir.

PRÉPARATION **30 min** CUISSON **15 min** PORTIONS **4 à 6**

Moughrabieh couscous

Ingrédients

25 petits oignons perlés avec leur queue, pelés
750 ml (3 tasses) d'eau
200 g (1 tasse) de moughrabieh (voir Note)
120 g (½ tasse) de beurre ou de beurre clarifié (ghee)
600 g (3 tasses) de pois chiches
1 c. à café (1 c. à thé) de sel fin

Préparation

Dans une grande casserole, porter à ébullition les oignons et l'eau et cuire de 5 à 6 minutes.

Retirer les oignons de l'eau et réserver l'eau de cuisson dans la casserole.

Ajouter le moughrabieh dans l'eau de cuisson et cuire de 2 à 3 minutes. Égoutter.

Dans une grande casserole, fondre le beurre à feu moyen et faire revenir le moughrabieh, les pois chiches et les oignons. Saler et mélanger de 2 à 3 minutes pour bien enrober.

Servir chaud avec des navets marinés.

À l'origine, nos grands-mères faisaient le mougrabieh à la main. Elles arrosaient d'abord du bourghol n° 3 avec un peu d'eau, puis elles le laissaient gonfler pendant 15 minutes, après quoi elles roulaient chaque grain séparément avec de la farine. Heureusement, on peut aujourd'hui se procurer du mougrabieh dans le commerce.

Note

Dans cette recette, il est très important de ne pas couper le bout où se trouvent les racines afin que les oignons se tiennent bien pendant la cuisson.

PRÉPARATION **20 min** CUISSON **20 à 30 min** PORTIONS **4 à 6**

Artichauts panés

- Chowki browbé -

Ingrédients

5 artichauts, nettoyés et coupés en tranches de 1 cm (½ po)
125 ml (½ tasse) d'huile d'olive
1 c. à café (1 c. à thé) de sel fin
½ c. à café (½ c. à thé) de piment de la Jamaïque moulu

Panure :
150 g (1 tasse) de farine tout usage
375 ml (1 ½ tasse) d'eau
1 c. à café (1 c. à thé) de sel fin
1 c. à café (1 c. à thé) de piment de la Jamaïque moulu

Huile de canola pour la cuisson

Préparation

Dans un bol, faire mariner les artichauts pendant quelques heures dans l'huile d'olive, le sel et piment de la Jamaïque.

Dans un autre bol, diluer la farine avec l'eau, le sel et le piment de la Jamaïque. Réserver.

Chauffer l'huile de canola dans une friteuse ou une grande casserole.

Retirer les d'artichauts de l'huile d'olive et les passer dans la panure en prenant soin de bien les enrober.

Frire quelques tranches à la fois dans l'huile de canola jusqu'à ce qu'elles soient dorées.

Note

Vous pouvez faire la même préparation avec d'autres légumes (pomme de terre, chou-fleur, carotte, courgette, etc.).

PRÉPARATION **20 min** CUISSON **10 min** PORTIONS **4 à 6**

Omelette aux courgettes grimpantes

- Mfarraké -

Ingrédients

800 g (4 tasses) de courges Massue Longue (courgettes grimpantes ou saxophones), en très petits dés
60 g (¼ tasse) de beurre
8 œufs, battus à la fourchette
½ c. à café (½ c. à thé) de sel fin
¾ c. à café (¾ c. à thé) de piment de la Jamaïque moulu

Préparation

Étaler les courges dans une assiette ou sur un plateau en plastique. Cuire au micro-ondes à allure maximale environ 2 minutes pour assécher.

Dans une poêle, à feu élevé, faire revenir les courges dans le beurre de 4 à 5 minutes. Ajouter les œufs, le sel et le piment de la Jamaïque. Réduire le feu et cuire.

Note

Il ne faut pas utiliser les graines de la courge, seulement la partie ferme.

Conseil

Brosser les courges sous l'eau froide pour bien les nettoyer avant de les couper en dés.

Quand nous allions au marché Jean-Talon avec ma mère, Lino, de la boutique Birri, mettait toujours de côté des courges fines et lourdes pour nous. S'il vous est impossible d'en trouver, utilisez de petites courgettes.

PRÉPARATION **20 à 30 min** CUISSON **20 à 30 min** PORTIONS **4 à 6**

Omelette au persil

- Edjet el bakdouness -

Ingrédients

7 œufs
1 c. à soupe de menthe séchée
1 c. à café (1 c. à thé) de sel fin
2 c. à café (2 c. à thé) de piment de la Jamaïque moulu
1 c. à café (1 c. à thé) de farine tout usage
60 g (2 tasses) de persil plat frais, haché finement
80 g (1/2 tasse) d'oignons, râpés
1 c. à café (1 c. à thé) d'ail, haché finement
Huile de canola pour la cuisson

Préparation

Dans un bol, battre les œufs à l'aide d'une fourchette. Ajouter la menthe, le sel, le piment de la Jamaïque et la farine. Bien mélanger. Ajouter le persil, les oignons et l'ail. Bien mélanger.

Dans une poêle à omelette typique du Moyen-Orient (page 15), chauffer l'huile de canola à feu élevé. Ajouter 2 c. à soupe du mélange d'œufs dans chaque cavité. Cuire de 1 à 2 minutes de chaque côté, jusqu'à ce qu'ils soient foncés. Retirer du feu et laisser reposer sur du papier absorbant.

Note

Si vous n'avez pas de poêle typique du Moyen-Orient, n'hésitez pas à faire cette recette dans une poêle régulière.

Ce plat est un classique du Vendredi saint.

PRÉPARATION **20 à 30 min** RENDEMENT **env. 600 g (4 tasses)**

Tartinade d'Alep

- Moutabal -

Ingrédients

750 g (3 tasses) de yogourt laban
15 g (1/2 tasse) de persil plat frais, haché finement
2 c. à soupe de menthe séchée ou 15 g (1/2 tasse) de menthe fraîche, hachée finement
60 g (1 tasse) de laitue romaine (la partie croquante au milieu de la feuille), hachée très finement
80 g (1/2 tasse) d'oignons verts, hachés très finement
1 c. à café (1 c. à thé) d'ail, haché finement
1 c. à café (1 c. à thé) de sel fin

Préparation

Mélanger tous les ingrédients dans un bol.

Servir comme accompagnement avec l'omelette au persil (recette précédente).

PRÉPARATION **10 min** CUISSON **30 à 40 min** PORTIONS **4 à 6**

Soupe aux lentilles et aux nouilles

- Rechtayé -

Ingrédients

400 g (2 tasses) de lentilles vertes
2 litres (8 tasses) d'eau
2 c. à café (2 c. à thé) de sel fin
120 g (¾ tasse) de nouilles aux œufs
1 c. à soupe de farine tout usage
60 ml (¼ tasse) d'eau
2 c. à soupe de menthe séchée
60 ml (¼ tasse) d'huile d'olive
1 oignon, en dés

Préparation

Dans une grande casserole, cuire les lentilles et le sel dans 2 litres (8 tasses) à feu moyen pendant 30 minutes.

Ajouter les nouilles et cuire à feu doux de 10 à 12 minutes.

Diluer la farine dans 60 ml (¼ tasse) d'eau et verser dans la casserole. Bien mélanger et cuire pendant 5 minutes.

Éteindre le feu, ajouter la menthe et couvrir.

Dans une poêle bien chaude, faire sauter les oignons à feu vif dans l'huile d'olive jusqu'à ce qu'ils soient transparents. Bien mélanger avec la soupe et servir.

PRÉPARATION **15 min** CUISSON **30 min** PORTIONS **4 à 6**

Omelette aux pommes de terre

- Edjet el batat é -

Ingrédients

400 g (2 tasses) de purée de pommes de terre
3 œufs, battus
1 c. à café (1 c. à thé) de sel fin
1 c. à café (1 c. à thé) de piment de la Jamaïque moulu
30 g (¼ tasse) de pignons
Huile de canola pour la cuisson

Préparation

Dans un bol, bien mélanger la purée de pommes de terre, les œufs, le sel, le piment de la Jamaïque et les pignons. Réserver.

Dans une poêle à omelette typique Moyen-Orient (page 15), chauffer l'huile de canola à feu élevé. Ajouter 2 c. à soupe du mélange d'œufs dans chaque cavité. Cuire de 1 à 2 minutes de chaque côté, jusqu'à ce qu'ils soient foncés. Retirer du feu et laisser reposer sur du papier absorbant.

Variante

Omelette au four : Préchauffer le four à 180 °C (350 °F). Beurrer un plat en pyrex, étendre une mince couche de 2 à 3 cm (1 po) d'épaisseur de la préparation. Cuire de 12 à 15 minutes, jusqu'à ce que l'omelette soit dorée.

PRÉPARATION **30 à 45 min** TEMPS DE REPOS **2 à 24 h** CUISSON **10 min** RENDEMENT **12 à 14 galettes**

Kébbés aux épinards et aux pois chiches

- Kébbé zenglyé -

Ingrédients

300 g (10 oz) d'épinards, lavés et hachés grossièrement
1 c. à café (1 c. à thé) de sel fin
½ botte de persil plat frais, haché
1 oignon, râpé
2 oignons verts, hachés
2 c. à soupe de bourghol
345 g (2 ⅓ tasses) de farine tout usage
½ c. à soupe de levure chimique (poudre à pâte)
2 ½ c. à café (2 ½ c. à thé) de coriandre moulue
200 g (1 tasse) de pois chiches en conserve, rincés et égouttés
Huile de canola pour la cuisson

La conjointe d'Elie, qui est anglophone, a rebaptisé ce plat *kebbé englezzié* (kebbé anglais).

Préparation

Mélanger les épinards avec le sel, puis les presser pour extraire le plus de liquide possible. Réserver le jus.

Dans un grand bol, mélanger les épinards, le persil, les oignons, les oignons verts, le bourghol, la farine, la levure chimique, la coriandre et le jus d'épinards. Bien mélanger en pétrissant.

Ajouter les pois chiches et bien mélanger.

Laisser reposer au réfrigérateur de 2 à 24 heures.

Mettre l'huile de canola dans une poêle et chauffer à feu élevé.

Avec les mains humectées, prendre 100 g (½ tasse) de la préparation et façonner une galette de grosseur moyenne en l'étirant.

Frire dans l'huile pendant 1 minute de chaque côté. Bien égoutter sur du papier absorbant. Faire toutes les galettes de la même façon.

Servir chaud avec de la mélasse de raisin *(doubs)*.

plats principaux

- mounawâtes soukhnés -

PRÉPARATION **30 min** CUISSON **1 h 30** PORTIONS **4 à 6**

Mijoté aux câpres

- Âbbâre wa rez -

Ingrédients

2 c. à soupe de beurre
600 g (1 ¼ tasse) de faux-filet de bœuf ou d'agneau, en cubes de 5 cm (2 po)
2 c. à café (2 c. à thé) de sel fin
1 c. à soupe de piment de la Jamaïque moulu
4 c. à soupe de farine
750 ml (3 tasses) d'eau
1 c. à soupe de dakka entier dans un infuseur à épices
1 petit oignon, coupé en quatre
1 kg (2 lb) de câpres, dessalées (voir note)
500 ml (2 tasses) de verjus ou 250 ml (1 tasse) de jus de citron
1 c. à café (1 c. à thé) de dakka moulu

Préparation

Dans une grande casserole, fondre le beurre à feu élevé jusqu'à coloration noisette. Saisir la viande pendant quelques minutes jusqu'à coloration.

Assaisonner de sel et de piment de la Jamaïque. Ajouter la farine et bien mélanger. Ajouter l'eau, l'infuseur rempli du dakka et les oignons. Laisser mijoter 1 heure à feu doux.

Ajouter les câpres, le verjus et le dakka moulu, puis laisser mijoter 30 minutes.

Servir sur un lit de riz.

Conseil

Il est recommandé de dessaler les câpres dans l'eau fraîche pendant 24 heures en changeant celle-ci régulièrement.

C'est toujours avec une frénésie indéniable que l'on savoure ce mijoté aux câpres, un grand classique de la fête pascale. Je prends soin d'en faire une grosse quantité puisque ma famille en raffole, surtout mon frère Fredy.

PRÉPARATION **10 min** MARINADE **2 h** CUISSON **45 min** PORTIONS **4 à 6**

Poulet aux poivrons

- Djédj haad -

Ingrédients

4 à 6 demi-poitrines de poulet, sans peau et désossées
1 c. à café (1 c. à thé) de sel fin
¼ c. à café (¼ c. à thé) de poivre noir du moulin
1 gousse d'ail, hachée
1 c. à café (1 c. à thé) de graines de coriandre moulues
2 c. à soupe de jus de citron frais
3 c. à soupe d'huile d'olive
1 c. à café (1 c. à thé) de concentré de piment
3 poivrons de couleurs différentes, en cubes
1 oignon, en dés

Préparation

À l'aide d'un couteau bien affûté, couper de fines tranches de poulet dans le sens de l'épaisseur.

Dans un plat de cuisson, mélanger le sel, le poivre, l'ail, la coriandre, le jus de citron, l'huile d'olive et le concentré de piment fort. Ajouter le poulet et bien enrober de marinade. Ajouter les poivrons et les oignons.

Couvrir et laisser reposer au réfrigérateur environ 2 heures.

Préchauffer le four à 180 ºC (350 ºF).

Sortir le poulet du réfrigérateur et cuire au four de 30 à 45 minutes.

Servir avec des pommes de terre.

PRÉPARATION **20 min** CUISSON **45 à 60 min** PORTIONS **4 à 6**

Alouettes sans tête

- Barzôlat malfoufé -

Ingrédients

8 tranches fines de filet mignon
8 gousses d'ail, coupées en deux sur la longueur
1 poivron vert, en lanières
2 c. à café (2 c. à thé) de sel fin
2 c. à café (2 c. à thé) de dakka moulu
2 c. à soupe de beurre
1 litre (4 tasses) de jus de tomates
2 c. à soupe de pâte de tomates

Préparation

Étaler les tranches de filet mignon.

Mettre 2 moitiés de gousses d'ail et une lanière de poivron sur chaque tranche. Assaisonner avec la moitié du sel et du dakka.

Façonner 8 petits rouleaux et faire tenir à l'aide de cure-dents. Réserver.

Dans une grande poêle, fondre le beurre à feu élevé jusqu'à coloration noisette. Saisir les rouleaux 1 minute de chaque côté.

Ajouter le jus de tomates et la pâte de tomates. Assaisonner avec le restant de sel et de dakka. Cuire à feu doux de 45 à 60 minutes.

Servir avec des pâtes ou du riz.

Le nom de ce plat provient de sa forme, qui rappelle étrangement un oiseau sans tête.

PRÉPARATION **15 à 30 min** PORTIONS **4 à 6**

Kébbés de base

- Kébbé mdawara -

Ingrédients

1 oignon moyen, râpé
300 g (2 ½ tasses) de bourghol n° 1, rincé à l'eau froide
1 c. à café (1 c. à thé) de sel fin
175 ml (¾ tasse) d'eau
480 g (1 lb) de viande habra

Préparation

Dans un contenant peu profond, mettre les oignons, le bourghol et le sel. Pétrir en ajoutant l'eau graduellement.

Avec les mains humectées, continuer de pétrir en ajoutant graduellement la viande jusqu'à l'obtention d'une pâte facile à travailler.

Façonner des petites boulettes de la grosseur d'une cerise, puis réfrigérer ou congeler pour une utilisation ultérieure.

Conseil

Pour vous faciliter la tâche, râpez les oignons à l'aide du robot culinaire, puis ajoutez le bourghol et le sel. Remettez le robot culinaire en marche quelques secondes en ajoutant de l'eau, puis incorporer graduellement la viande. Mélangez au robot jusqu'à ce que le tout forme une boule.

Les kébbés sont une base indispensable à la confection de nombreux mets du Moyen-Orient. Il en existe plusieurs variétés.

PRÉPARATION **15 min** CUISSON **20 à 30 min** PORTIONS **4 à 6**

Carottes à la grenade

- Jazar bel reman -

Ingrédients

3 c. à soupe de beurre
1,2 kg (6 tasses) de carottes, pelées et tranchées finement en biais
1 c. à café (1 c. à thé) de sel fin
1 c. à soupe de concentré de grenade
1 c. à café (1 c. à thé) de pâte de tomates
125 ml (½ tasse) d'eau

Préparation

Dans une casserole, fondre le beurre à feu à doux. Ajouter les carottes et le sel. Couvrir et cuire de 4 à 5 minutes en remuant de temps à autre.

Ajouter le concentré de grenade, la pâte de tomates et l'eau. Bien mélanger et laisser mijoter à feu doux de 8 à 10 minutes.

PRÉPARATION **30 min** CUISSON **1 h** PORTIONS **4 à 6**

Mignonnettes farcies de riz

- Kweysât wa rez -

Ingrédients

150 g (5 oz) de bœuf haché mi-maigre
100 g (½ tasse) de riz calrose à grain moyen, bien rincé
½ c. à café (½ c. à thé) de sel fin
1 c. à café (1 c. à thé) de dakka moulu
2 c. à soupe de pignons
10 morceaux de filet mignon de 5 x 5 x 8 cm (2 x 2 x 3 po)
3 c. à soupe de beurre
4 c. à soupe de pâte de tomates
750 ml (3 tasses) d'eau

Préparation

Dans un bol, mélanger la viande, le riz, le sel, le dakka et les pignons. Réserver.

À l'aide d'un couteau bien affûté, faire une incision assez profonde dans le côté carré des morceaux de filet mignon.

Élargir l'ouverture avec le pouce. Farcir de bœuf haché, refermer et faire tenir à l'aide d'un cure-dent.

Faire chauffer une grande casserole à feu vif et laisser fondre le beurre jusqu'à coloration noisette. Saisir les morceaux de filet mignon pendant 1 minute de chaque côté.

Dans un bol, diluer la pâte de tomates dans l'eau. Verser dans la casserole avec le filet mignon. Laisser mijoter à feu à doux environ 1 heure.

Servir avec des carottes à la grenade et du riz (recette précédente).

PRÉPARATION **10 min** CUISSON **1 h 30 à 2 h** PORTIONS **4 à 6**

Rôti de bœuf au vinaigre

- Dobbo wa bourghol -

Ingrédients

1 kg (2 lb) de rôti de faux-filet ou de filet mignon
10 gousses d'ail entières, pelées
1 c. à café (1 c. à thé) de sel fin
2 c. à café (2 c. à thé) de dakka moulu
120 g (½ tasse) de beurre
1 litre (4 tasses) de jus de tomates
250 ml (1 tasse) d'eau
1 c. à café (1 c. à thé) de sel fin
750 ml (3 tasses) de vinaigre de vin

Préparation

Mettre le rôti sur une planche. À l'aide d'un petit couteau bien affûté, faire 10 incisions ici et là et y enfoncer les gousses d'ail. Assaisonner avec le sel et la moitié du dakka.

Dans une grande casserole, fondre le beurre à feu vif jusqu'à coloration noisette. Saisir le rôti de 2 à 3 minutes de chaque côté.

Ajouter le jus de tomates, l'eau, le sel, le dakka restant et le vinaigre. Cuire le rôti sur la cuisinière à feu moyen de 1 h 30 à 2 heures, jusqu'à ce qu'il soit tendre.

Retirer le rôti de la casserole, le déposer sur une planche à découper et faire des tranches de 2 à 3 cm (1 po).

Servir avec du Bourghol (page 90) et du jus de cuisson.

PRÉPARATION **15 à 30 min** CUISSON **1 h** PORTIONS **4 à 6**

Mijoté d'agneau avec kébbés

- Kébbé hamiss -

Ingrédients

3 c. à soupe de beurre
600 g (1 ¼ lb) d'agneau ou de bœuf en cubes de 5 cm (2 po)
1 c. à soupe de sel fin
2 c. à soupe de piment de la Jamaïque moulu
1 oignon moyen, râpé finement
2 litres (8 tasses) d'eau
1 recette de Kébbés de base (page 65)
1 c. à café (1 c. à thé) de dakka moulu

Vinaigrette :
125 ml (½ tasse) de vinaigre de vin rouge
½ c. à café (½ c. à thé) d'ail, en purée
Sel au goût
Poudre de piment fort d'Alep au goût

Préparation

Dans un bol, mélanger tous les ingrédients qui composent la vinaigrette.

Dans une grande casserole, fondre le beurre à feu élevé jusqu'à coloration noisette. Faire revenir les cubes de viande de 1 à 2 minutes de chaque côté, jusqu'à ce qu'ils soient bien dorés.

Assaisonner de sel et de piment de la Jamaïque. Ajouter les oignons et bien faire revenir.

Ajouter l'eau, couvrir et porter à ébullition. Laisser mijoter à feu doux pendant 45 minutes.

Ajouter les kebbés et laisser mijoter de 5 à 10 minutes. Servir dans des assiettes creuses avec la vinaigrette, du pain pita et des radis.

PRÉPARATION **30 à 45 min** PORTIONS **4 à 6**

Kébbés farcis de beurre

- Kébbé mehchiyé -

Ingrédients

200 g (7 oz) de beurre froid
Dakka moulu
1 oignon moyen, râpé
400 g (2 tasses) de bourghol n° 1, rincé à l'eau froide
1 c. à café (1 c. à thé) de sel
175 ml (3/4 tasse) d'eau
500 g (1 lb) de viande habra

Conseil

Pour vous faciliter la tâche, râpez les oignons à l'aide du robot culinaire, puis ajoutez le bourghol et le sel. Remettez le robot culinaire en marche quelques secondes en ajoutant de l'eau, puis incorporez graduellement la viande. Mélangez au robot jusqu'à ce que le tout forme une boule.

Préparation

Couper le beurre en petits dés d'environ 1,5 cm (1/2 po) et saupoudrer généreusement de dakka. Congeler.

Dans un grand bol, mélanger les oignons, le bourghol et le sel. Ajouter l'eau et remuer.

Avec les mains humectées, ajouter graduellement la viande tout en pétrissant jusqu'à l'obtention d'une pâte facile à travailler.

Faire des boulettes de la grosseur d'une prune. Déposer une boulette dans la paume de la main.

Enfoncer l'index de l'autre main et faire une cavité d'une extrémité à l'autre de la boulette sans percer pour former un puits en pressant légèrement. Faire pivoter le kébbé jusqu'à obtenir la forme d'un coquetier.

Déposer un cube de beurre dans le trou, puis refermer l'extrémité en roulant la boulette entre les paumes. Conserver au réfrigérateur pour une utilisation ultérieure ou pour confectionner les Kébbés fleurettes (page 73).

PRÉPARATION **30 min** CUISSON **1 h 15** PORTIONS **4 à 6**

Kébbés à la grenade

- Kébbé reményé -

Ingrédients

3 c. à soupe de beurre
480 g (1 lb) de faux-filet de bœuf, en cubes de 5 cm (2 po)
1 oignon, haché finement
1 c. à café (1 c. à thé) de sel fin
1 c. à café (1 c. à thé) de dakka moulu
500 ml (2 tasses) d'eau
1 c. à soupe de dakka entier dans un infuseur à épices
4 branches de céleri avec feuilles, en tranches de 5 mm (1/5 po)
2 courgettes, en cubes 2 à 3 cm (1 po)
2 aubergines, en cubes de 2 à 3 cm (1 po)
3 grosses tomates, en dés de 2 à 3 cm (1 po)
1 c. à soupe de concentré de grenade
1 litre (4 tasses) de jus de grenade
1 c. à café (1 c. à thé) de piment de la Jamaïque moulu
Une recette de Kébbés farcis de beurre (page 70)

Préparation

Chauffer une grande casserole à feu élevé et fondre le beurre jusqu'à coloration noisette. Saisir les cubes de bœuf de tous les côtés.

Ajouter les oignons, le sel et le dakka. Laisser cuire jusqu'à ce que les oignons soient transparents. Ajouter l'eau et l'infuseur de dakka. Porter à ébullition et cuire à feu doux pendant 30 minutes.

Ajouter le céleri et cuire 15 minutes.

Ajouter les autres légumes, le concentré et le jus de grenade ainsi que le piment de la Jamaïque. Laisser mijoter de 15 à 20 minutes.

Ajouter les kébbés et laisser mijoter 10 minutes pour cuire les boulettes.

Servir avec des radis et du pain pita.

Variante

Remplacer le faux-filet par de l'agneau en cubes.

Le goût de la grenade me rappelle de beaux souvenirs d'enfance. Au retour de l'école, particulièrement à l'automne lorsque c'était la saison, ma mère nous préparait souvent un bol de pépins de grenade.

PRÉPARATION **30 à 45 min** CUISSON **45 à 60 min** PORTIONS **4 à 6**

Kébbés fleurettes

- Kébbé haddé -

Ingrédients

Farce :
120 g (1/2 tasse) de beurre
3 oignons moyens, en dés
1 c. à café (1 c. à thé) de sel fin
1 c. à café (1 c. à thé) de dakka moulu
1 c. à soupe de concentré de piment fort
120 g (1 tasse) de noix de Grenoble, hachées grossièrement
30 g (1/4 tasse) de graines de sésame (facultatif)
1 c. à café (1 c. à thé) de cumin moulu (facultatif)

Une recette de Kebbés de base (page 65)
Noix de Grenoble coupées en deux, pistaches ou pignons

Note

On peut remplacer cette farce par celle de la variante de la page 74.

Préparation

Dans une grande casserole, fondre le beurre à feu moyen-élevé, puis ajouter les oignons, le sel, le dakka, le concentré de piment fort, les noix, les graines de sésame et le cumin. Mélanger et cuire environ 5 minutes. Laisser refroidir au réfrigérateur pendant 1 heure.

Préparer les Kebbés de base (page 65).

Mettre environ 1 c. à café (1 c. à thé) de farce dans le trou du kebbé. Ranger les kébbés farcis dans un plat de cuisson beurré et décorer avec les noix.

Préchauffer le four à 180 °C (350 °F).

Cuire au four de 45 à 60 minutes.

Servir avec une salade au goût.

PRÉPARATION **30 min** TEMPS DE CUISSON **45 à 60 min** PORTIONS **4 à 6**

Kébbés sur plateau

- Kébbé bel séniyé -

Ingrédients

Farce :
3 c. à soupe de beurre
720 g (1 ½ oz) de bœuf haché mi-maigre
2 oignons, en dés
1 c. à café (1 c. à thé) de sel fin
2 c. à café (2 c. à thé) de dakka moulu
1 c. à café (1 c. à thé) de piment de la Jamaïque moulu
120 g (1 tasse) de noix de Grenoble, hachées grossièrement
30 g (¼ tasse) de pignons (facultatif)
Recette de Kebbés de base (page 65)
Noisettes de beurre
Huile d'olive

Variante

Farce au beurre :
200 g (7 oz) de beurre
3 oignons, en dés
1 c. à café (1 c. à thé) de sel fin
2 c. à café (2 c. à thé) de dakka moulu
60 g (½ tasse) de noix de Grenoble, hachées grossièrement

Dans une grande casserole, faire revenir le beurre, les oignons, le sel et le dakka pendant 2 minutes. Ajouter les noix et cuire pendant 3 minutes. Retirer du feu et laisser refroidir au réfrigérateur pendant 1 heure. Procéder de la même façon que pour la recette principale.

Préparation

Dans une grande casserole, fondre le beurre à feu élevé jusqu'à coloration noisette. Bien saisir la viande en prenant soin de bien la défaire. Ajouter les oignons, le sel, le dakka et le piment de la Jamaïque. Bien mélanger et cuire environ 10 minutes.

Ajouter les noix et les pignons. Retirer du feu et laisser refroidir au réfrigérateur environ 1 heure. (Cette partie de la recette peut être préparée la veille.)

Beurrer un plat de cuisson. Préparer la recette de kebbés de base et la séparer en deux.

Avec les mains humectées, prendre de la préparation de kebbé d'une grosseur d'une prune. Aplatir le plus mince possible entre les paumes. Déposer dans le plat de cuisson et répéter pour couvrir entièrement le fond du plat.

Étendre la farce sur le kebbé en pressant légèrement avec les mains.

Répéter la même chose avec l'autre moitié de la base de kebbé. Déposer sur la farce en prenant soin d'égaliser le dessus et fermer toutes les ouvertures.

Bien presser avec la paume de la main humectée. Faire des losanges à l'aide d'un couteau bien affûté trempé dans l'eau.

Préchauffer le four à 180 °C (350 °F).

Déposer des noisettes de beurre sur chaque losange et arroser d'un filet d'huile d'olive.

Cuire au four de 45 à 60 minutes.

Servir avec une salade au goût ou du yogourt laban.

PRÉPARATION **30 min** CUISSON **2 h** PORTIONS **6 à 8**

Spaghetti au four

- Makarouné bel fourn -

Ingrédients

120 g (½ tasse) de beurre
400 g (13 oz) de bœuf haché mi-maigre
1 c. à soupe de sel fin
2 c. à soupe de piment de Jamaïque moulu
1,5 litre (6 tasses) de jus de tomates
125 ml (½ tasse) de pâte de tomates
Une boîte de spaghettis de 900 g (2 lb)

Préparation

Dans une casserole, fondre le beurre à feu élevé jusqu'à coloration noisette. Saisir la viande en prenant soin de bien la défaire. Cuire de 2 à 3 minutes.

Assaisonner de sel et de piment de la Jamaïque, ajouter la pâte de tomates et le jus de tomates, porter à ébullition et laisser mijoter à feu doux pendant 30 minutes.

Cuire les spaghettis selon les instructions inscrites sur l'emballage. Bien les égoutter.

Préchauffer le four 180 °C (350 °F).

Verser les pâtes dans deux plats de cuisson, couvrir avec la sauce et bien mélanger.

Cuire au four de 1 h à 1 h 30, jusqu'à ce que le dessus soit doré.
Servir avec une salade verte.

Voici une autre recette que les membres de ma famille se transmettent précieusement depuis plusieurs générations. Lorsque vient le temps de manger les restes, tous se portent volontaires...

PRÉPARATION **30 à 45 min** CUISSON **45 à 60 min** PORTIONS **4 à 6**

Cigares au chou

- Yabrak el laghana -

Ingrédients

1 chou blanc
300 g (1 ½ tasse) de riz calrose à grain moyen, trempé dans l'eau pendant 30 minutes
300 g (10 oz) de bœuf haché mi-maigre
1 c. à café (1 c. à thé) de sel fin
3 c. à café (3 c. à thé) de piment de la Jamaïque moulu
5 c. à soupe de pâte de tomates
750 ml (3 tasses) d'eau
60 ml (¼ tasse) de concentré de grenade
1 c. à café (1 c. à thé) de sel fin
2 c. à café (2 c. à thé) d'ail, en purée
4 c. à café (4 c. à thé) de menthe séchée
Piment fort d'Alep (facultatif)

Préparation

Blanchir les feuilles de chou dans une grande casserole d'eau bouillante salée. Égoutter et laisser refroidir.

Couper les feuilles en deux et retirer la partie dure du milieu à l'aide d'un couteau. Réserver.

Mélanger le riz, la viande, le sel, le piment de la Jamaïque et 2 c. à soupe de pâte de tomate. Farcir la moitié de chaque feuille de chou avec 2 c. à soupe de farce. Refermer et rouler.

Mettre les parties dures du chou dans une grande casserole. Ranger les cigares au chou en cercle. Mettre une grande assiette à l'envers sur le dessus.

Dans un bol, mélanger l'eau, le concentré de grenade, la pâte de tomates restante et le sel. Verser sur les cigares au chou. Cuire à feu moyen de 45 à 60 minutes.

Prélever environ 125 ml (½ tasse) du jus de cuisson dans un petit bol, puis ajouter l'ail et la menthe. Verser sur les cigares au chou et laisser mijoter 10 minutes.

Saupoudrer de piment fort d'Alep au goût dans l'assiette.

PRÉPARATION **10 min** MARINADE **12 à 24 h** CUISSON **35 min** PORTIONS **4 à 6**

Filet mignon aux champignons

- Champignon bel lahmé -

Ingrédients

300 g (10 oz) de filet mignon de bœuf, en petits cubes de 1 à 2 cm (½ à ¾ po)
2 c. à soupe d'huile d'olive
1 c. à café (1 c. à thé) de sel fin
2 c. à café (2 c. à thé) de piment de la Jamaïque moulu
3 c. à soupe de beurre
700 g (1 ½ lb) de champignons, en tranches
250 ml (1 tasse) d'eau

Préparation

Dans un grand bol, mélanger les cubes de viande, l'huile d'olive, le sel et le piment de la Jamaïque. Laisser mariner de 12 à 24 heures au réfrigérateur.

Dans une grande poêle, fondre le beurre à feu vif jusqu'à coloration noisette. Saisir les cubes de viande avec le jus de la marinade environ 1 minute de chaque côté.

Ajouter les champignons et mélanger. Ajouter l'eau, porter à ébullition et laisser mijoter à feu doux pendant 30 minutes.

Servir avec du riz et des légumes verts.

À Alep, ma mère préparait ce plat avec des truffes. Comme les truffes sont coûteuses et parfois difficiles à trouver, je les remplace tout simplement par des champignons.

PRÉPARATION **15 min** CUISSON **40 min** PORTIONS **4 à 6**

Poulet au yogourt

- Fatét el djédj -

Ingrédients

320 g (2 tasses) de riz à grain long, cuit
400 g (2 tasses) de poulet cuit, en cubes
750 ml (3 tasses) de yogourt laban
1 c. à soupe de fécule de maïs
2 c. à café (2 c. à thé) d'ail, en purée
½ c. à café (½ c. à thé) de sel fin
1 c. à soupe de beurre
30 g (¼ tasse) de pignons, grillés
1 grand ou 2 petits pains pitas
2 c. à soupe d'huile d'olive

Préparation

Préchauffer le four à 180 °C (350 °F).

Étaler une mince couche de riz dans un plat de cuisson et ajouter les cubes de poulet. Couvrir et chauffer au four pendant 30 minutes.

Dans une casserole, à feu doux, chauffer le yogourt, la fécule de maïs, l'ail et le sel de 8 à 10 minutes.

Dans une poêle, fondre le beurre à feu moyen et faire revenir les pignons jusqu'à ce qu'ils soient dorés. Réserver.

À l'aide d'un ciseau, couper le pain pita en carrés de 3 cm (1 po). Badigeonner d'huile d'olive et cuire au four environ 10 minutes, jusqu'à ce qu'ils soient dorés.

Sortir le poulet du four et retirer le couvercle. Napper de yogourt chaud, ajouter les morceaux de pita et les pignons. Servir chaud.

J'utilise des restes pour faire cette recette.

PRÉPARATION **30 min** CUISSON **30 min** PORTIONS **4 à 6**

Kabbabs aux poivrons rouges

- Kabbab hadd -

Ingrédients

600 g (1 ¼ lb) de bœuf haché mi-maigre
1 c. à café (1 c. à thé) de dakka moulu
1 c. à soupe de sel fin
3 c. à soupe de beurre
2 c. à soupe d'huile d'olive
2 oignons, en petits dés
1,2 kg (6 tasses) de poivrons rouges, en gros cubes
200 g (1 tasse) de piments rouges forts (ou au goût), en gros cubes
2 tomates, en cubes (facultatif)
1 c. à café (1 c. à thé) de sel fin
1 c. à soupe de concentré de grenade
Pain pita
Persil frais, haché
Pignons, grillés

Préparation

Dans un grand bol, mélanger la viande, le dakka et le sel. Façonner des petites boulettes de la grosseur d'une cerise.

Dans une poêle, fondre le beurre à feu vif jusqu'à coloration noisette et faire revenir les boulettes de 2 à 3 minutes.

Dans une grande casserole, chauffer l'huile d'olive à feu moyen. Ajouter les oignons et faire revenir jusqu'à ce qu'ils soient transparents. Ajouter les poivrons et les piments et faire revenir pendant 5 minutes. Ajouter les tomates, le sel et le concentré de grenade. Laisser mijoter à feu doux environ 10 minutes.

Ajouter les boulettes et laisser mijoter pendant 5 minutes.

Couper le pain pita en petites bouchées et les mettre dans un plat de service. Ajouter les kabbabs et la sauce aux poivrons. Décorer de persil haché et de pignons grillés au goût.

PRÉPARATION **30 min** CUISSON **3 h 30** PORTIONS **4 à 6**

Kabbabs aux cerises

- Kabbab bel karaz -

Ingrédients

Sauce :
4 boîtes de 540 ml (19 oz) de griottes (cerises acides) dénoyautées, avec leur jus
6 c. à soupe de sucre granulé
4 c. à soupe de jus de citron frais

Boulettes :
700 g (1½ lb) de bœuf haché mi-maigre
3 c. à café (3 c. à thé) de dakka moulu
1 c. à café (1 c. à thé) de sel fin
3 c. à soupe de beurre
30 g (¼ tasse) de chapelure
200 g (1 tasse) de cerises congelées (facultatif)
Pain pita, coupé en pointes
7 g (¼ tasse) de persil frais, haché finement
2 c. à soupe de pignons, grillés
Cannelle moulue au goût

Préparation

Dans une grande casserole, porter à ébullition les cerises avec leur jus, le sucre et jus de citron. Laisser mijoter à feu doux de 2 h 30 à 3 heures, jusqu'à ce que le mélange soit réduit au tiers. Dans un grand bol peu profond, mélanger la viande, 2 c. à café (2 c. à thé) de dakka et le sel. Façonner des petites boulettes de la grosseur d'une cerise.

Dans une grande casserole, fondre le beurre à feu élevé jusqu'à coloration noisette. Faire revenir les boulettes de viande de 2 à 3 minutes environ. Ajouter la chapelure et 1 c. à café (1 c. à thé) de dakka. Remuer pendant 1 minute.

Ajouter la réduction de cerises et les cerises congelées. Bien mélanger et laisser mijoter 10 minutes à feu doux. Chauffer le pain pita au four dans une lèchefrite. Déposer le pain dans une grande assiette. Couvrir avec les boulettes et saupoudrer de persil, de pignons et de cannelle.

Je sers souvent ce plat fort délicieux lors des festivités familiales du week-end.

PRÉPARATION **15 à 30 min** CUISSON **15 min** PORTIONS **4**

Kabbabs au yogourt

- Kabbab bel laban -

Ingrédients

500 g (1 lb) de bœuf haché mi-maigre
1 c. à café (1 c. à thé) de sel fin
1 c. à café (1 c. à thé) de dakka moulu
1 c. à soupe de beurre
500 ml (2 tasses) de yogourt laban
1 c. à café (1 c. à thé) d'ail, haché
1 c. à soupe de fécule de maïs
1 c. à café (1 c. à thé) de sel
Pain pita
4 œufs au miroir (facultatif)
Persil frais, haché
Pignons grillés

Préparation

Dans un grand bol, mélanger la viande, le sel et le dakka.

Façonner des petites boulettes de la grosseur d'une cerise.

Chauffer une grande poêle à feu élevé et fondre le beurre jusqu'à coloration noisette. Faire revenir les boulettes de 2 à 3 minutes.

Dans une casserole de grosseur moyenne, ajouter le yogourt, l'ail, la fécule de maïs et le sel. Bien mélanger à l'aide d'un fouet. Chauffer à feu doux pendant 5 minutes en remuant régulièrement.

Couper le pain pita en bouchées et les mettre dans un grand plat de service.

Verser le yogourt chaud sur le pain. Ajouter les boulettes et les œufs cuits. Décorer de persil et de pignons avant de servir.

PRÉPARATION **15 min** CUISSON **15 à 20 min** PORTIONS **4 à 6**

Kabbabs au bourghol

- Kabbab bel bourghol -

Ingrédients

500 g (1 lb) de bœuf haché mi-maigre
1 oignon, râpé
200 g (1 tasse) de bourghol n° 1
1 c. à café (1 c. à thé) de sel fin
1 c. à café (1 c. à thé) de dakka moulu
1 c. à café (1 c. à thé) de cumin moulu
1 c. à café (1 c. à thé) de coriandre moulue
2 c. à soupe de menthe séchée
120 g (½ tasse) de beurre
2 c. à soupe d'huile de canola

Préparation

Dans un grand bol, mélanger la viande, les oignons, le bourghol, le sel, le dakka, le cumin, la coriandre et la menthe. Bien mélanger.

Façonner des galettes de 5 à 8 cm (2 à 3 po) ayant de 1 à 2 cm (½ po) d'épaisseur.

Chauffer une grande poêle à feu vif et fondre le beurre avec l'huile de canola jusqu'à coloration noisette. Cuire les kabbabs 1 minute de chaque côté.

Servir chaud avec une salade ou une soupe.

Ce plat très facile à préparer est idéal pour les soirs de semaine. Mes enfants aiment le manger avec du ketchup. En hiver, rien de plus réconfortant que de le servir avec une bonne soupe.

PRÉPARATION **30 min** CUISSON **45 à 60 min** PORTIONS **4 à 6**

Farce d'accompagnement pour volaille

- Hachwé dik -

Ingrédients

2 c. à soupe de beurre
300 g (1 ½ tasse) de riz à grain long, bien rincé
875 ml (3 ½ tasses) de bouillon de poulet
1 c. à café (1 c. à thé) de sel fin
1 c. à soupe de beurre
480 g (1 lb) de bœuf haché mi-maigre
½ c. à café (½ c. à thé) de sel fin
2 c. à café (2 c. à thé) de dakka moulu
125 ml (½ tasse) de bouillon de poulet
3 c. à soupe de beurre
90 g (¾ tasse) d'amandes blanchies
20 châtaignes, cuites et pelées
30 g (¼ tasse) de pignons

Note

À l'aide d'un petit couteau bien affûté, faites un X sur le dessus des châtaignes. Mettez-en une dizaine à la fois dans le micro-ondes. Faites cuire 3 minutes à allure maximale et laissez reposer 20 secondes avant de les éplucher.

À chaque fête, mes neveux s'assuraient que je prépare du *hachwé*. Ils apportaient leurs contenants et rentraient chez eux les mains pleines. Mes fils s'en régalaient eux aussi à satiété.

Préparation

Dans une grande casserole, fondre le beurre à feu élevé jusqu'à coloration noisette. Ajouter le riz et faire revenir pendant 2 minutes.

Ajouter 750 ml (3 tasses) de bouillon de poulet et ½ c. à café (½ c. à thé) de sel. Couvrir et laisser mijoter à feu très doux environ 20 minutes.

Dans une grande casserole, fondre 1 c. à soupe de beurre à feu vif jusqu'à coloration noisette. Faire revenir la viande tout en remuant pour bien la défaire. Ajouter ½ c. à café (½ c. à thé) de sel et le dakka. Cuire pendant 3 minutes. Ajouter 125 ml (½ tasse) de bouillon de poulet et laisser mijoter à feu doux pendant 10 minutes.

Dans une grande poêle, fondre 3 c. à soupe de beurre à feu élevé. Ajouter les châtaignes et laisser dorer 1 minute en remuant. Réserver.

Mettre les amandes dans la même poêle et faire dorer en remuant. Réserver.

Faire ensuite dorer les pignons en remuant. (Il est important de faire dorer les châtaignes, les amandes et les pignons séparément puisque le temps de cuisson est différent pour chacun.)

Mélanger le riz avec la viande et couvrir avec le mélange de châtaignes-pignons-amandes.

PRÉPARATION **15 à 30 min** CUISSON **1 h 30** PORTIONS **4 à 6**

Poulet farci

- Djédje mhchiyé -

Ingrédients

1 poulet de 750 g (1 lb 9 oz)
1 c. à café (1 c. à thé) de sel fin
1 c. à café (1 c. à thé) de piment de la Jamaïque moulu
60 ml (1/4 tasse) d'huile d'olive
125 ml (1/2 tasse) d'eau

Farce :
40 g (1/4 tasse) de riz à grain long, cuit
120 g (4 oz) de bœuf haché mi-maigre
1/2 c. à café (1/2 c. à thé) de sel fin
1/2 c. à café (1/2 c. à thé) de dakka moulu
1 c. à soupe de pignons, grillés
3 c. à soupe d'amandes blanchies, rôties

Préparation

Préchauffer le four à 180 °C (350 °F).

Dans un bol, mélanger tous les ingrédients qui composent la farce et réserver.

Laver le poulet et le mettre dans une rôtissoire. Bien enrober l'intérieur et l'extérieur de sel, de piment de la Jamaïque et d'huile d'olive.

Farcir le poulet, verser l'eau dans la rôtissoire, couvrir et cuire au four pendant 1 heure. Retirer le couvercle et remettre au four pendant 30 minutes.

Mettre le poulet dans une assiette de service, filtrer le jus de cuisson et servir.

Servir avec du riz et une salade verte.

Conseil

Avant de mettre le poulet au four, ajoutez 400 g (2 tasses) de petites carottes et une douzaine de pommes de terre grelots dans la rôtissoire.

J'utilise parfois un dindon de 6 à 7 kg (13 à 15 1/2 lb) au lieu du poulet. Je double alors la recette et je prolonge la cuisson de 2 à 3 heures environ.

PRÉPARATION **30 min** CUISSON **15 à 30 min** PORTIONS **4 à 6**

Kabbabs aux épinards

- Sabanegh wa rez -

Ingrédients

600 g (1 1/4 lb) de bœuf haché mi-maigre
1 c. à café (1 c. à thé) de sel fin
1 c. à café (1 c. à thé) de dakka moulu
2 c. à soupe de beurre
1 oignon, en fines tranches
1 c. à soupe d'ail, en purée
1 c. à soupe de coriandre moulue
1 kg (2 lb) d'épinards, lavés et équeutés

Préparation

Mettre la viande dans un grand bol. Assaisonner de sel et de dakka et bien mélanger.

Faire des petites boulettes de la grosseur d'une cerise.

Dans une grande casserole, fondre le beurre à feu élevé jusqu'à coloration noisette. Faire revenir les boulettes de 2 à 3 minutes.

Ajouter les oignons et cuire jusqu'à ce qu'ils soient transparents.

Ajouter l'ail, la coriandre et les épinards. Bien mélanger et cuire à feu doux de 5 à 10 minutes.

Servir sur un lit de riz. Accompagner de jus de citron ou de yogourt laban.

PRÉPARATION 15 min CUISSON 30 min PORTIONS 4 à 6

Poulet aux olives

- Djédj bel zetoune -

Ingrédients

3 c. à soupe de beurre
1 c. à soupe d'huile d'olive
600 g (1¼ lb) de poitrines de poulet, sans peau, désossées et coupées en lanières
1 oignon, en dés
1 c. à café (1 c. à thé) de sel fin
1 c. à café (1 c. à thé) de piment de la Jamaïque moulu
125 ml (½ tasse) de vin blanc
3 c. à soupe de jus de citron frais
500 g (1 lb) d'olives vertes, dénoyautées
250 ml (1 tasse) d'eau
1 baguette, coupée en biais en morceaux de 2 à 3 cm (1 po) d'épaisseur
Persil frais, haché

Préparation

Fondre le beurre et l'huile d'olive dans une grande casserole à feu vif jusqu'à coloration noisette. Saisir les lanières de poulet pendant 1 minute de chaque côté.

Ajouter les oignons, assaisonner de sel et de piment de la Jamaïque, mélanger et cuire jusqu'à ce que les oignons soient tendres.

Ajouter le vin, le jus de citron, les olives et l'eau. Laisser mijoter à feu doux de 25 à 30 minutes.

Préchauffer le four à 180 ºC (350 ºF).

Mettre les tranches de baguette dans un plat de service allant au four. Chauffer 5 minutes, jusqu'à ce qu'elles soient croustillantes.

Couvrir les morceaux de pain avec la préparation au poulet. Décorer de persil plat haché et servir avec une salade au goût.

PRÉPARATION 5 min CUISSON 25 min PORTIONS 4 à 6

Riz

- Rez -

Ingrédients

3 c. à soupe de beurre
300 g (1 ½ tasse) de riz à grain long, bien rincé
1 c. à café (1 c. à thé) de sel fin
810 ml (3 ¼ tasses) d'eau bouillante

Préparation

Dans une casserole, à feu élevé, faire revenir le riz dans le beurre pendant 1 minute. Ajouter le sel et l'eau. Couvrir et cuire à feu doux de 20 à 25 minutes.

PRÉPARATION 10 min CUISSON 30 min PORTIONS 4 à 6

Riz aux vermicelles

- Rez bi chaériyé -

Ingrédients

3 c. à soupe de beurre
40 g (¼ tasse) de vermicelles
200 g (1 tasse) de riz à grain long, bien rincé
560 ml (2 ¼ tasses) d'eau
½ c. à café (½ c. à thé) de sel fin

Préparation

Dans une casserole, fondre le beurre à feu élevé et faire dorer les vermicelles.

Ajouter le riz et remuer pendant quelques secondes. Ajouter l'eau et le sel. Porter à ébullition, couvrir et cuire à feu doux de 25 à 30 minutes.

PRÉPARATION **20 min** CUISSON **1 h** PORTIONS **4 à 6**

Roulé farci sur lit de câpres

- Martadella mehchyé -

Ingrédients

Farce :

100 g (3 ½ oz) de bœuf haché mi-maigre
70 g (⅓ tasse) de riz calrose à grain moyen, bien rincé
½ c. à café (½ c. à thé) de sel fin
1 c. à café (1 c. à thé) de dakka moulu
2 c. à soupe de pignons
50 g (¼ tasse) de poivrons rouges, en très petits dés

Base du rouleau :

480 g (1 lb) de viande habra
½ c. à café (½ c. à thé) de sel fin
1 c. à café (1 c. à thé) de dakka moulu
30 g (¼ tasse) de chapelure
3 c. à soupe de beurre
1 kg (2 lb) de câpres, dessalées
1 litre (4 tasses) d'eau
250 ml (1 tasse) de verjus ou 125 ml (½ tasse) de jus de citron frais

Conseil

Il est recommandé de dessaler les câpres dans l'eau fraîche pendant 24 heures en changeant celle-ci régulièrement.

Quand arrive le début du mois d'août, nous cueillons les raisins pas encore mûrs sur la vigne qui pousse au fond de ma cour. On les presse ensuite dans un extracteur à jus pour obtenir du verjus qui nous servira dans de nombreuses recettes.

Préparation

Dans un grand bol, mélanger la viande, le riz, le sel, le dakka, les pignons et les poivrons. Réserver.

Dans un grand bol, mélanger la viande habra, le sel, le dakka et la chapelure.

Étaler la viande habra sur une surface plate et faire un rectangle d'environ de 30 x 20 cm (12 x 8 po).

Ajouter la farce de bœuf haché façonnée en petit boudin au centre du rectangle. Rouler pour former un gros rouleau. Avec les mains humectées, façonner le rouleau pour qu'il adhère bien et fermer les extrémités.

Dans une grande poêle, fondre le beurre à feu vif jusqu'à coloration noisette. Ajouter le rouleau et saisir environ 1 minute de chaque côté.

Couper le rouleau en deux.

Ajouter les câpres, l'eau et le verjus. Laisser mijoter à feu doux pendant 1 heure.

Découper en tranches de 2 à 3 cm (1 po).

Servir chaud avec du riz.

PRÉPARATION **10 min** CUISSON **2 h 30** PORTIONS **4 à 6**

Gigot d'agneau rôti

- Faghdé bel fourn -

Ingrédients

1 oignon, râpé
1 c. à café (1 c. à thé) de sel fin
1 c. à café (1 c. à thé) de dakka moulu
1 gigot d'agneau de 1,5 kg (3 lb 5 oz)
250 ml (1 tasse) d'eau ou de vin ou d'un mélange moitié-moitié

Préparation

Préchauffer le four à 260 °C (500 °F).

Dans un bol, Mélanger les oignons, le sel et le dakka. Réserver.

Laver et éponger le gigot avant de le mettre dans une rôtissoire. Enrober avec les oignons et ajouter le liquide.

Cuire au four pendant 30 minutes à découvert.

Couvrir et cuire au four à 180 °C (350 °F) pendant 1 h 30.

Pour obtenir un gigot bien doré, retirer le couvercle et cuire à 260 °C (500 °F) pendant 15 à 30 minutes de plus.

Servir avec le Friké (page 90) ou le Hachwé (page 82).

PRÉPARATION **10 min** CUISSON **1 h à 1 h 30** PORTIONS **4 à 6**

Agneau au yogourt

- *Erman wa rez* -

Ingrédients

3 c. à soupe de beurre
1 kg (2 lb) d'agneau en cubes d'environ 10 cm (4 po)
3 c. à café (3 c. à thé) de sel fin
1 c. à café (1 c. à thé) de piment de la Jamaïque
1 c. à café (1 c. à thé) de dakka moulu
1 petit oignon, coupé en quatre
750 ml (3 tasses) d'eau
1 litre (4 tasses) de yogourt laban
1 ½ c. à soupe de fécule de maïs

Préparation

Dans une grande casserole, fondre le beurre à feu élevé jusqu'à coloration noisette. Saisir les cubes d'agneau pendant 1 minute de chaque côté.

Ajouter 2 c. à café (2 c. à thé) de sel, le piment de la Jamaïque et le dakka. Ajouter les oignons et l'eau. Couvrir et laisser mijoter à feu doux pendant 1 h 30.

Dans un bol moyen, mélanger le yogourt, la fécule de maïs et 1 c. à café (1 c. à thé) de sel. Bien mélanger avec l'agneau.

Augmenter la température à feu moyen-élevé. Dès que le liquide commence à bouillir, retirer du feu et servir avec du riz ou du friké (recette suivante).

PRÉPARATION **5 min** CUISSON **25 min** PORTIONS **4 à 6**

Bourghol ou friké

- *Bourghol wa friké* -

Ingrédients

300 g (1 ½ tasse) de bourghol n° 3 ou de friké
4 c. à soupe de beurre
1 c. à café (1 c. à thé) de sel fin
750 ml (3 tasses) d'eau bouillante (pour le bourghol) ou de bouillon de poulet (pour le friké)

Préparation

Dans une casserole, à feu élevé, faire revenir le bourghol dans le beurre pendant 1 minute.

Ajouter le sel et l'eau ou le bouillon. Couvrir et cuire à feu doux de 20 à 25 minutes.

PRÉPARATION **10 min** CUISSON **25 min** PORTIONS **4 à 6**

Tilapia au four

- Samak bel fourn -

Ingrédients

1 c. à café (1 c. à thé) de sel fin
¼ c. à café (¼ c. à thé) de poivre noir du moulin
1 gousse d'ail, hachée
1 c. à café (1 c. à thé) de coriandre ou d'origan moulu
2 c. à soupe de jus de citron frais
4 c. à soupe d'huile d'olive
1 c. à café (1 c. à thé) de concentré de piment fort (facultatif)
4 à 6 filets de tilapia ou de vivaneau

Préparation

Préchauffer le four à 180 °C (350 °F).

Dans un plat de cuisson, mélanger tous les ingrédients, sauf le poisson.

Ajouter les filets de poisson et bien les enrober de marinade.
Cuire au four de 20 à 25 minutes.

PRÉPARATION **10 min** CUISSON **10 à 15 min** PORTIONS **4**

Filet de sole frit

- Samak mekly -

Ingrédients

2 œufs, battus
1 c. à café (1 c. à thé) de graines de coriandre, moulues
1 c. à café (1 c. à thé) de sel fin
½ c. à café (½ c. à thé) de piment de la Jamaïque moulu
2 gousses d'ail, écrasées et réduites en purée
40 g (¼ tasse) de farine
4 filets de sole frais
120 g (1 tasse) de chapelure
2 c. à café (2 c. à thé) de beurre
2 c. à café (2 c. à thé) d'huile d'olive

Préparation

Dans un bol, mélanger les œufs, la coriandre, le sel, le piment de la Jamaïque et l'ail. Réserver.

Fariner les filets de sole, puis les tremper dans les œufs battus des deux côtés. Les passer dans la chapelure et les enrober uniformément.

Chauffer une grande poêle à feu vif et fondre le beurre et l'huile d'olive jusqu'à coloration noisette. Cuire les filets de 1 à 2 minutes de chaque côté.

Servir avec du citron et des légumes au choix.

PRÉPARATION **10 à 15 min** CUISSON **1 h** PORTIONS **4 à 6**

Mérou au four

- Samak bel fourn -

Ingrédients

1 mérou ou 1 doré entier de 1 kg (2 lb), paré
125 ml (1/2 tasse) d'huile d'olive
1 c. à café (1 c. à thé) de pâte de tomates
1 c. à café (1 c. à thé) de piment de la Jamaïque
1 c. à café (1 c. à thé) de sel fin
3 pommes de terre, en tranches
10 gousses d'ail entières
1 oignon, émincé
2 tomates, en tranches

Conseil

Un poisson bien frais doit avoir les ouïes rougeâtres et humides, des yeux pleins et brillants, une peau luisante et bien tendue. Sa chair doit être ferme et reprendre immédiatement sa forme originale après l'avoir pressée avec un doigt.

Préparation

Préchauffer le four à 180 ºC (350 ºF).

Bien laver le mérou et éponger avec du papier absorbant.

Dans un bol, mélanger l'huile d'olive, la pâte de tomates, le piment de la Jamaïque et le sel. Badigeonner l'intérieur et l'extérieur du poisson.

Étaler les pommes de terre, l'ail, les oignons et les tomates. Verser le reste de la marinade. Envelopper de papier d'aluminium et déposer sur une plaque à biscuits. Cuire au four de 45 à 60 minutes.

Ce plat est complet puisqu'il contient du poisson, des pommes de terre et des tomates. Ma belle-mère en préparait souvent pour sa famille et pour nous.

barbecue

- mechwi -

PRÉPARATION **30 min** CUISSON **15 à 30 min** PORTIONS **15 à 18 brochettes**

Kabbabs en brochettes

- Kabbab mechwi -

Ingrédients

1 kg (2 lb) de bœuf haché mi-maigre
1 c. à soupe de sel fin
1 ½ c. à soupe de dakka moulu
1 c. à café (1 c. à thé) de piment fort d'Alep ou de pâte de piment fort (facultatif)
1 c. à soupe de pâte de tomates
60 g (½ tasse) de chapelure

Note

S'il reste des kabbabs, réchauffez-les en les laissant mijoter pendant quelques minutes dans un mélange composé de 1 oignon et 2 à 3 tomates en dés, 3 c. à soupe d'huile d'olive et 1 c. à soupe de pâte de tomates.

Préparation

Assaisonner la viande de sel et de dakka, de piment, de pâte de tomates et de chapelure. Bien mélanger. Façonner des boulettes et enfiler une boulette par brochette en prenant soin d'étirer la boulette sur la brochette en la pressant pour qu'elle adhère bien.

Préchauffer le barbecue. Badigeonner la grille d'huile végétale.

Griller les kabbabs sur le barbecue environ 2 minutes de chaque côté jusqu'à cuisson au goût.

Servir avec du Béwazze (page 98) et des Banadora Mechwiyé (page 98).

Quand vient l'hiver, nous préparons le barbecue au charbon de bois tous les samedis soir dans le foyer de la salle de séjour. On s'assoit autour et mon mari prépare les grillades.

PRÉPARATION **15 min** PORTIONS **4 à 6**

Béwazze

- Salade de persil -

Ingrédients

90 g (3 tasses) de persil plat frais, haché grossièrement
2 oignons, émincés finement
3 c. à soupe de sumac moulu
1 c. à café (1 c. à thé) de sel fin
2 c. à soupe de jus de citron

Préparation

Mélanger le persil et les oignons dans un grand bol.
Ajouter le sumac, le sel et le jus de citron et bien mélanger.

Servir avec les kabbabs.

(Voir photo de la salade, page 97)

PRÉPARATION **5 min** CUISSON **15 à 30 min** PORTIONS **4 à 6**

Tomates barbecue

- Banadora mechwiyé -

Ingrédients

6 tomates italiennes entières bien mûres
1 c. à café (1 c. à thé) de sel fin
1 c. à soupe de concentré de piment fort

Préparation

Préchauffer le barbecue.

Percer les tomates à quelques reprises à l'aide d'une fourchette.
Cuire sur la grille en les retournant de temps à autre jusqu'à ce que la peau se retire facilement.

Retirer la peau et presser légèrement avec une fourchette pour retirer l'eau.

Couper les tomates en petits morceaux. Ajouter le sel et le concentré de piment.

Tartiner sur des petits pains pitas grillés sur le barbecue.

PRÉPARATION **20 min** MACÉRATION **12 à 24 min** CUISSON **30 à 45 min**

Brochettes de filet mignon

- Mechwi -

Ingrédients

250 ml (1 tasse) d'huile d'olive
2 c. à café (2 c. à thé) de sel fin
2 c. à café (2 c. à thé) de poivre de la Jamaïque moulu
1 c. à soupe de piment fort d'Alep moulu ou de concentré de piment fort (facultatif)
1 kg (2 lb) de cubes de filet mignon de bœuf de 3 à 4 cm (1 ½ po)
20 petits oignons entiers, pelés en prenant soin de conserver l'extrémité de la racine

Notes

Il est très important de ne pas enfiler les petits oignons sur les mêmes brochettes que la viande puisque leur temps de cuisson est différent.

On peut aussi ajouter une dizaine d'artichauts nettoyés et coupés en deux, les faire mariner avec la viande puis les enfiler sur les brochettes d'oignons.

Conseil

Ouvrir des pains pitas en deux et les badigeonner de marinade. Griller pendant quelques secondes sur la grille du barbecue. Mettre la moitié du pain dans un plat de service, ajouter les cubes de viande grillés. Couvrir avec le pain restant. Servir avec une salade verte et du kebbé nayé.

Préparation

Dans un bol, mélanger l'huile d'olive, le sel, le piment de la Jamaïque et le piment fort. Ajouter les cubes de viande et bien mélanger. Bien couvrir et laisser mariner de 12 à 24 heures au réfrigérateur.

Préchauffer le barbecue et bien huiler la grille.

Retirer les cubes de viande de la marinade et réserver celle-ci. Enfiler les cubes sur des brochettes et les petits oignons sur d'autres brochettes.

Cuire les brochettes de petits oignons sur la grille du barbecue de 15 à 30 minutes en prenant soin de les retourner de temps à autre.

Mettre les brochettes de viande sur la grille du barbecue et cuire au goût.

Le mot *mechwi* vient de l'arabe et signifie entier, ou en brochettes, sur la braise d'un feu de bois. Ma famille et moi utilisons toujours le barbecue au charbon de bois, qui donne si bon goût aux grillades.

PRÉPARATION **15 à 45 min** CUISSON **30 à 45 min** PORTIONS **4 à 6**

Kabbabs et aubergines

- Kabbab bel banjan -

Ingrédients

12 longues aubergines
700 g (1 ½ lb) d'agneau haché ou de bœuf haché mi-maigre
2 c. à café (2 c. à thé) de dakka moulu
2 c. à café (2 c. à thé) de sel fin

Conseil

Pour une saveur plus moelleuse, pré-cuire les brochettes au barbecue, les retirer de la broche et les ranger dans un plat de cuisson beurré. Parsemer de noisettes de beurre et ajouter 125 ml (½ tasse) d'eau. Couvrir et cuire au four de 30 à 45 minutes dans le four préchauffé à 180 °C (350 °F).

Préparation

Prélever quelques bandes de peau d'aubergine à l'aide d'un éplucheur. Couper les aubergines en rondelles de 4 à 5 cm (1½ à 2 po) d'épaisseur et réserver.

Dans un bol, mélanger la viande, le dakka et le sel.

Préchauffer le barbecue. Bien huiler la grille d'huile végétale.

Faire des petites boulettes de viande hachée de la même grosseur que les tranches d'aubergine. Embrocher les boulettes en prenant soin de les aplatir entre deux tranches d'aubergine.

Griller les brochettes de 8 à 10 minutes de chaque côté, jusqu'à ce que les aubergines soient tendres.

Servir chaud avec du pain pita et des poivrons verts ou des piments verts forts.

PRÉPARATION **30 min** MACÉRATION **12 à 24 h** CUISSON **25 à 30 min** PORTIONS **4 à 6**

Shish taouk

Ingrédients

700 g (1½ lb) de poitrines de poulet, sans peau et désossées
250 ml (1 tasse) de mayonnaise
125 g (½ tasse) de yogourt laban
1 ½ c. à soupe de jus de citron
1 c. à café (1 c. à thé) d'ail, en purée
1 c. à café (1 c. à thé) de sel fin
¼ c. à café (¼ c. à thé) de poivre noir du moulin

Préparation

Couper les poitrines de poulet en cubes de 4 à 5 cm (1 ½ à 2 po). Réserver.

Dans un bol, mélanger tous les autres ingrédients. Ajouter les cubes de poulet, bien mélanger, couvrir et laisser mariner de 12 à 24 heures au réfrigérateur.

Préchauffer le barbecue. Badigeonner la grille d'huile végétale.

Enfiler les cubes de poulet sur des brochettes en prenant soin de laisser un peu d'espace entre eux.

Cuire sur la grille du barbecue de 4 à 5 minutes de chaque côté, jusqu'à cuisson complète du poulet.

Servir avec de la mayonnaise à l'ail (recette suivante).

PRÉPARATION **10 min** PORTIONS **env. 500 ml (2 tasses)**

Mayonnaise à l'ail

- Mayonnaise bel toum -

Ingrédients

1 ½ c. à café (1 ½ c. à thé) d'ail, en purée
1 c. à café (1 c. à thé) de sel
1 œuf
1 c. à café (1 c. à thé) de sucre granulé
1 c. à café (1 c. à thé) de vinaigre blanc
340 ml (1 tasse + 6 c. à soupe) d'huile de canola

Préparation

À l'aide du robot culinaire, mélanger l'ail, le sel, l'œuf, le sucre et le vinaigre jusqu'à consistance mousseuse.

Verser l'huile de canola très lentement en filet par l'orifice du couvercle du robot tout en mélangeant à haute vitesse.

Cette mayonnaise accompagne très bien les frites et les sandwiches. On peut la conserver de 3 à 4 mois au réfrigérateur.

PRÉPARATION **30 à 45 min** PORTIONS **4 à 6**

Kébbés barbecue

- Kébbé mechwiyé -

Ingrédients

200 g (3/4 tasse + 1 c. à soupe) de beurre froid
Dakka moulu
1 oignon moyen, râpé
450 g (2 1/4 tasses) de bourghol n° 1, rincé à l'eau froide
1 c. à café (1 c. à thé) de sel
1 c. à soupe de menthe fraîche, hachée finement
175 ml (3/4 tasse) d'eau
480 g (1 lb) de viande habra

Conseil

Pour vous faciliter la tâche, râpez les oignons à l'aide du robot culinaire, puis ajoutez le bourghol, le sel et la menthe. Remettez le robot culinaire en marche quelques secondes en ajoutant de l'eau, puis incorporez graduellement la viande. Mélangez au robot jusqu'à ce que le tout forme une boule.

Préparation

Couper le beurre en petits dés d'environ 1,5 cm (1/2 po) et saupoudrer généreusement de dakka. Réserver au congélateur.

Dans un grand bol, mélanger les oignons avec le bourghol, le sel et la menthe. Ajouter l'eau et mélanger.

Avec les mains humectées, ajouter graduellement la viande tout en pétrissant jusqu'à l'obtention d'une pâte facile à travailler.

Faire des boulettes de la grosseur d'une prune. Mettre une boulette dans la paume de la main. Enfoncer l'index de l'autre main et faire une cavité d'une extrémité à l'autre de la boulette sans percer pour former un puits en pressant légèrement. Faire pivoter le kébbé jusqu'à obtenir la forme d'un coquetier.

Déposer un cube de beurre dans le trou, puis refermer l'extrémité en tournant la boulette entre les paumes.

Nous servons cette recette en entrée lors des repas de barbecue.

PRÉPARATION **5 min** CUISSON **5 min** PORTIONS **2**

Pita grillé au fromage

- Djébné mkamara -

Ingrédients

1 pain pita de 23 cm (9 po)
120 g (4 oz) de fromage d'Alep, en cubes
¼ c. à café (¼ c. à thé) de piment d'Alep
¼ c. à café (¼ c. à thé) d'huile d'olive
¼ c. à café (¼ c. à thé) de menthe séchée ou quelques feuilles de menthe fraîche, hachées

Préparation

Préchauffer le barbecue.

Ouvrir le pain pita en pochette, mettre le fromage à l'intérieur, saupoudrer de piment d'Alep, puis ajouter l'huile d'olive et la menthe.

Griller au barbecue de 1 à 2 minutes de chaque côté.

Couper en quatre et servir.

À chaque fin de cuisson sur le barbecue, nous préparons cette recette s'il reste encore de la braise. Une pure gourmandise après un bon repas partagé avec des amis.

PRÉPARATION **15 min** MACÉRATION **12 à 24 h** CUISSON **30 à 40 min** PORTIONS **4 à 6**

Poulet barbecue

- Djédj mechwi -

Ingrédients

3 demi-poitrines de poulet avec la peau et non désossées
3 cuisses de poulet avec la peau et non désossées ou 1 poulet coupé en huit
60 ml (¼ tasse) de jus de citron
125 ml (½ tasse) d'huile d'olive
2 c. à café (2 c. à thé) de sel fin
¼ c. à café (¼ c. à thé) de poivre noir du moulin
½ c. à café (½ c. à thé) de piment d'Alep

Préparation

Dans un bol, mélanger les morceaux de poulet avec le jus de citron, l'huile d'olive, le sel, le poivre noir du moulin et le piment fort d'Alep. Bien couvrir et laisser mariner de 12 à 24 heures au réfrigérateur.

Cuire au four avec la marinade à 180 °C (350 °F) pendant 30 minutes.

Griller ensuite les morceaux de poulet sur le barbecue environ 6 à 8 minutes de chaque côté, jusqu'à cuisson complète.

Servir avec une salade et des pommes de terre au four.

desserts, sirops et confitures

- halwyat et mrabba -

PRÉPARATION **1 h** CUISSON **20 à 30 min**

Écorces d'orange confites

- Mrabba al bourt-an -

Ingrédients

10 grosses oranges à peau épaisse
250 ml (1 tasse) d'eau
1,5 kg (6 ½ tasses) de sucre granulé

Conseil

Laissez sécher les écorces confites sur une grille pendant 24 heures et trempez-les dans du chocolat fondu de bonne qualité. Laissez reposer sur du papier sulfurisé.

Préparation

Laver et brosser soigneusement les oranges avant de les couper en quartiers. Glisser la lame d'un couteau entre la pulpe et l'écorce. Couper l'écorce en bâtonnets réguliers de 1 à 1,5 cm (½ po).

Mettre les écorces dans une grande casserole, couvrir d'eau froide et faire bouillir. Baisser le feu et laisser mijoter de 8 à 10 minutes (piquer avec un cure-dent pour vérifier si elles sont tendres).

Égoutter les écorces dans une passoire et les rincer plusieurs fois à l'eau froide pour enlever l'amertume.

Dans une casserole, faire bouillir l'eau et le sucre pendant 5 minutes. Ajouter les écorces d'orange et laisser confire à feu doux pendant 10 minutes. Les écorces confites se conservent au réfrigérateur pendant un mois.

PRÉPARATION **15 min** CUISSON **45 à 60 min** PORTIONS **10 à 15**

Flan à la semoule

- Baklawa frangiyé -

Ingrédients

4 œufs
1 c. à café (1 c. à thé) d'essence de vanille pure
2 litres (8 tasses) de lait
300 g (1 ½ tasse) de semoule de blé nº 2
Sucre glace
Cannelle moulue

Préparation

Beurrer généreusement un plat rectangulaire de 30 x 23 cm (12 x 9 po).

Dans un bol, battre les œufs et la vanille à l'aide d'une fourchette et réserver.

Dans une casserole à fond épais, chauffer le lait à feu moyen sans faire bouillir. Verser la semoule en pluie en remuant. Cuire en remuant fréquemment jusqu'à épaississement.

Retirer du feu. Verser les œufs en filet dans la semoule tout en remuant.

Verser dans le plat et laisser refroidir à température ambiante pendant 1 heure. Couvrir de pellicule plastique et réfrigérer jusqu'au lendemain.

Préchauffer le four à 180 ºC (350 ºF).

Couper le mélange en petits carrés de 2 cm (¾ po) et cuire au four de 45 à 60 minutes, jusqu'à ce que le flan soit doré.

Sortir le plat du four et laisser reposer à température ambiante pendant 30 min.

À l'aide d'un tamis, saupoudrer généreusement de sucre glace et de cannelle et servir tiède.

Maman, que c'est bon! Ce dessert s'envolait comme des petits pains chauds chaque fois que ma mère le faisait. Elle n'avait pas le temps de le laisser refroidir que déjà quelques tranches avaient disparu.

PRÉPARATION **15 min** CUISSON **15 à 20 min** PORTIONS **12 à 14**

Ghabissa du nouvel an

- Ghabissa -

Ingrédients

500 ml (2 tasses) de mélasse de raisin (*doubs*)
1,12 litre (4 ½ tasses) d'eau froide
90 g (¾ tasse) de fécule de maïs
1 litre (4 tasses) d'eau
120 g (½ tasse) de sucre granulé
1 ½ c. à café (1 ½ c. à thé) de gingembre moulu
120 g (1 tasse) de noix de Grenoble, coupées en deux et rôties

Préparation

Dans une grande casserole, mélanger la mélasse avec 1 litre (4 tasses) d'eau. Chauffer à feu doux sans faire bouillir.

Dans un bol, diluer la fécule de maïs avec 125 ml (½ tasse) d'eau.

Ajouter la fécule de maïs à la mélasse. Porter à ébullition à feu moyen-élevé sans cesser de remuer pendant 4 à 5 minutes, jusqu'à épaississement.

Ajouter le sucre et le gingembre. Poursuivre la cuisson de 1 à 2 minutes en remuant sans cesse.

Verser dans un plat de 30 cm (12 po) ou dans des coupes, garnir de noix et réfrigérer pendant 1 heure.

La tradition demande que l'on parfume le plat de service avec de l'encens avant d'y verser la préparation afin de l'envelopper d'un parfum délicat.

PRÉPARATION **15 min** CUISSON **5 min** RENDEMENT **55 à 60 boules**

Truffes de gâteau

- Boulate gateau -

Ingrédients

1 gâteau marbré (page 127)
180 g (1 ½ tasse) d'écorces d'oranges confites (page 108), hachées grossièrement
1 c. à café (1 c. à thé) de clou de girofle moulu
120 g (1 tasse) de noix de Grenoble, hachées grossièrement
200 g (7 oz) de chocolat noir, fondu
700 g (1½ lb) de chocolat noir pour enrobage de première qualité

Préparation

Émietter le gâteau dans un bol.

Ajouter les écorces d'orange, le clou de girofle, les noix et 200 g (7 oz) de chocolat fondu. Bien mélanger.

Faire des boules de la grosseur d'une balle de golf.

Tremper les truffes dans le chocolat fondu et les ranger au fur et à mesure sur une plaque à biscuits tapissée de papier sulfurisé. Laisser raffermir au réfrigérateur.

Servir les truffes dans des moules en papier décoratifs.

À Alep, nous avions l'habitude de nous procurer ce dessert à la pâtisserie. Une fois arrivée au Québec, j'ai dû faire plusieurs essais et erreurs avant de trouver les mesures exactes pour arriver à reproduire le bon goût raffiné de cette sucrerie.

PRÉPARATION **5 min** CUISSON **10 min** RENDEMENT **500 ml (2 tasses)**

Sirop à l'eau de fleur d'oranger

- Shira -

Ingrédients

480 g (2 tasses) de sucre fin
250 ml (1 tasse) d'eau
1 c. à soupe d'eau de fleur d'oranger

Préparation

Dans une grande casserole, porter le sucre et l'eau à ébullition à feu élevé de 8 à 10 minutes.

Retirer du feu et ajouter l'eau de fleur d'oranger. Laisser refroidir.

Note

Ce sirop sert à imbiber plusieurs pâtisseries du Moyen-Orient.

Il est impossible de parler de la cuisine d'Alep sans parler de l'eau de fleur d'oranger, qui possède une saveur caractéristique très parfumée. Je prépare ce sirop en grosse quantité puisqu'il se conserve pendant plusieurs mois.

PRÉPARATION **5 min** CUISSON **15 à 30 min** PORTIONS **4**

Mâmounyé

Ingrédients

1 litre (4 tasses) d'eau
480 g (2 tasses) de sucre fin
4 c. à soupe de beurre
200 g (1 tasse) de semoule de blé n° 2
Cannelle moulue (facultatif)
4 c. à soupe de ricotta (facultatif)
Pistaches concassées (facultatif)

Préparation

Dans une casserole, faire bouillir l'eau et le sucre de 3 à 4 minutes.

Dans une grande casserole, fondre le beurre à feu moyen. Ajouter la semoule et faire dorer tout en remuant.

Ajouter le sirop bouillant et mélanger. Éteindre le feu, couvrir et laisser reposer pendant 5 minutes.

Servir dans un bol, saupoudrer de cannelle et garnir de ricotta et d'un peu de pistaches concassées. Accompagner de pain pita et de fromage tressé.

Nous servons habituellement ce plat au petit-déjeuner.

PRÉPARATION **15 min** REPOS **30 min** CUISSON **20 min** PORTIONS **10 à 12**

Spirales frites

- Mchabak -

Ingrédients

500 g (2 ½ tasses) de semoule de blé n° 2
2 c. à café (2 c. à thé) de levure chimique (poudre à pâte)
250 ml (1 tasse) de yogourt laban
300 ml (1 ¼ tasse) d'eau
Huile de canola pour la friture
Sirop de fleur d'oranger (page 114)
Cannelle moulue

Préparation

Dans un bol, mélanger la semoule et la levure chimique à l'aide d'une fourchette. Ajouter le yogourt et l'eau. Laisser reposer pendant 30 minutes.

Chauffer de l'huile de canola dans une casserole.

Mettre la préparation dans une grande poche à pâtisserie munie d'une douille cannelée n° 8.

Faire des spirales de 6 à 8 cm (2 à 4 po) de diamètre sur la surface de l'huile chaude. Frire d'un côté jusqu'à ce qu'elles soient dorées. Retourner et frire de la même façon.

Verser le sirop d'eau de fleur d'oranger dans un grand bol. Retirer les spirales de la casserole, les plonger dans le sirop et les retourner pour qu'elles soient bien imbibées.

Mettre les spirales sur un plateau de service et saupoudrer de cannelle. Servir chaud.

PRÉPARATION **45 à 60 min** CUISSON **45 à 60 min** PORTIONS **10 à 12**

Sliä

Ingrédients

900 g (1 lb 14 oz) de grains de blé entier
300 g (1 ¼ tasse) de sucre granulé
3 c. à café (3 c. à thé) de graines de fenouil, grillées et moulues
1 c. à café (1 c. à thé) de cannelle moulue
120 g (1 tasse) de noix de Grenoble
180 g (1 tasse) de raisins secs
180 à 240 g (1 ½ à 2 tasses) de pépins de grenade

Préparation

Laisser tremper les grains de blé dans l'eau froide pendant 12 heures.

Égoutter le blé, le mettre dans une casserole et couvrir d'eau. Porter à ébullition et cuire à feu doux de 1 h à 1 h 30, jusqu'à ce qu'il soit complètement cuit.

Retirer du feu, ajouter le sucre et les épices et bien mélanger. Ajouter les noix et les raisins.

Incorporer les pépins de grenade et servir tiède.

Lorsque mon frère a commencé à fréquenter Houda, ma belle-sœur, ma mère a eu l'idée de lui préparer la sliä. Par erreur, elle remplaça le sucre par de l'acide citrique. Houda fut la première à goûter au dessert. Ne voulant pas déplaire à sa future belle-mère, elle lui dit que c'était délicieux alors que le goût était en réalité affreux. Nous nous remémorons toujours cette anecdote en riant de bon cœur. La sliä est préparée une fois par année, le 4 décembre, pour fêter la Sainte-Barbe. Cette célébration partagée avec les membres de la famille et la parenté sert à enseigner aux jeunes l'importance d'aider les défavorisés.

PRÉPARATION **15 min** REPOS **12 à 24 h** CUISSON **1 h** PORTIONS **10 à 12**

Kataifi à la ricotta

- Knafé bel djébné -

Ingrédients

500 g (1 lb) de kataifi (pâte de vermicelle vendue congelée dans le commerce)
300 g (10 oz) de beurre, fondu
500 g (1 lb) de ricotta
2 c. à soupe de sucre granulé
250 ml (1 tasse) de sirop de fleur d'oranger (page 114)

Préparation

Beurrer généreusement un plat de cuisson de 30 x 20 cm (12 x 8 po).

Dans un bol, mélanger la ricotta avec le sucre et réserver.

Dans un bol, défaire avec les doigts le kataifi avec le beurre fondu en prenant soin de bien séparer les vermicelles.

Étaler la moitié du kataifi dans le moule et bien presser. Bien étaler la ricotta sur le kataifi. Couvrir avec le kataifi restant et bien presser.

Couvrir de pellicule plastique en la posant directement sur le kataifi. Mettre par-dessus un plat rectangulaire plus petit rempli d'eau pour faire une légère pression. Laisser reposer au réfrigérateur de 12 à 24 heures.

Préchauffer le four à 180 °C (350 °F).

Découper en carrés de 5 cm (2 po) et cuire au four environ 1 heure, jusqu'à ce qu'ils soient dorés.

Sortir le plat du four et napper immédiatement de sirop de fleur d'oranger.

PRÉPARATION **15 min** CUISSON **45 min** PORTIONS **6 à 8**

Gâteau à la confiture d'abricot

- Gateau mrabba el mouchmoch -

Ingrédients

2 œufs
300 g (2 tasses) de farine tout usage
240 g (1 tasse) de sucre granulé
1 c. à café (1 c. à thé) de levure chimique (poudre à pâte)
120 g (½ tasse) de beurre à température ambiante
1 c. à café (1 c. à thé) d'extrait de vanille
Le zeste d'un citron
240 g (1 ½ tasse) de confiture d'abricot

Préparation

Préchauffer le four à 180 °C (350 °F).

Beurrer un plat de cuisson rond de 25 cm (10 po) et réserver.

Dans un grand bol, à l'aide d'une fourchette, mélanger les œufs, la farine, le sucre, la levure chimique, le beurre, la vanille et le zeste.

Séparer la préparation en deux boules. Étendre une boule dans le fond du moule et étaler uniformément la confiture sur le dessus. Couvrir avec l'autre moitié.

Cuire au four pendant 45 minutes et laisser refroidir.

PRÉPARATION **15 min** CUISSON **15 min** REPOS **2 h** PORTIONS **12**

Balouza à l'orange

- Balouza bel bourt-an -

Ingrédients

1,3 litre (5 ¼ tasses) d'eau
1 boîte de 474 ml (17 oz) de concentré de jus d'orange congelé
120 g (1 tasse) de fécule de maïs
175 ml (¾ tasse) d'eau froide
720 g (3 tasses) de sucre
120 g (1 tasse) d'amandes blanchies, coupées en deux

Préparation

Dans une casserole à fond épais, chauffer l'eau et le concentré de jus d'orange sans faire bouillir.

Dans un bol, diluer la fécule de maïs dans 175 ml (¾ tasse) d'eau froide. Verser dans l'eau chaude en mélangeant et laisser bouillir de 3 à 5 minutes, jusqu'à épaississement, sans cesser de remuer.

Ajouter le sucre et cuire de 2 à 3 minutes tout en mélangeant.

Retirer du feu et ajouter les amandes.

Verser dans des verres et laisser refroidir à température ambiante.

Couvrir et réfrigérer pendant 2 heures.

PRÉPARATION **15 min** CUISSON **5 h** REPOS **2 h** PORTIONS **12**

Balouza à l'eau de rose

- Balouza -

Ingrédients

1,75 litre (7 tasses) d'eau
120 g (1 tasse) de fécule de maïs
175 ml (¾ tasse) d'eau froide
480 g (2 tasses) de sucre granulé
2 c. à soupe d'eau de rose
Quelques gouttes de colorant rose
120 g (1 tasse) d'amandes, blanchies et coupées en deux
60 g (½ tasse) de pistaches d'Alep, blanchies
Pétales de rose comestibles (facultatif)

Préparation

Chauffer l'eau dans une grande casserole à fond épais sans faire bouillir.

Dans un bol, diluer la fécule de maïs dans 175 ml (¾ tasse) d'eau froide. Verser dans l'eau chaude en mélangeant et laisser épaissir pendant 3 minutes en remuant sans cesse. Ajouter le sucre, bien mélanger jusqu'à dissolution du sucre et cuire jusqu'à épaississement.

Retirer du feu. Ajouter l'eau de rose, quelques gouttes de colorant rose, les amandes et les pistaches. Bien mélanger.

Verser dans des verres ou des ramequins et laisser refroidir sur le comptoir.

Couvrir et laisser réfrigérer pendant au moins 2 heures.

Décorer de pétales de rose comestibles.

On prend plaisir à faire ces desserts classiques rafraîchissants et parfumés. On peut remplacer l'eau de rose par de l'eau de fleur d'oranger et supprimer le colorant rose.

PRÉPARATION **10 min** CUISSON **45 à 60 min** PORTIONS **10 à 12**

Baklava

- Baklawa -

Ingrédients

240 g (1 tasse) de beurre, fondu
300 g (1¼ tasse) de noix de Grenoble, hachées finement
3 c. à soupe de sucre granulé
2 c. à soupe d'eau de fleur d'oranger
1 paquet de 500 g (1 lb) de pâte filo
Sirop de fleur d'oranger (page 114)

Préparation

Préchauffer le four à 180 ºC (350 ºF).

Beurrer généreusement un plat de cuisson de 30 x 23 cm (12 x 9 po).

Dans un bol, mélanger les noix, le sucre et l'eau de fleur d'oranger. Réserver.

Dérouler la pâte filo et couper le paquet de feuilles en deux en plein centre dans le sens de la largeur.

Étendre la moitié de la pâte filo dans le plat de cuisson et badigeonner avec la moitié du beurre fondu. Étaler le mélange de noix.

Couvrir avec la pâte filo restante et badigeonner de beurre fondu.

Découper des carrés de 5 cm (2 po) et cuire au four de 45 à 60 minutes.

Arroser de sirop de fleur d'oranger et servir tiède.

PRÉPARATION **10 à 15 min** CUISSON **10 min** PORTIONS **12 coupes**

Pouding au lait

- Mhalabyé -

Ingrédients

150 g (1 ¼ tasse) de fécule de maïs
2 litres (8 tasses) de lait
240 g (1 tasse) de sucre granulé
2 c. à soupe d'eau de fleur d'oranger
Cannelle moulue au goût

Préparation

Diluer la fécule de maïs dans 250 ml (1 tasse) de lait et réserver.

Faire chauffer le lait restant à feu moyen sans faire bouillir.

Ajouter le mélange de fécule de maïs au lait chaud en remuant jusqu'à épaississement. Ajouter le sucre et cuire de 2 à 3 minutes en remuant.

Retirer du feu, ajouter l'eau de fleur d'oranger et bien mélanger. Verser dans des coupes individuelles, laisser reposer pendant quelques minutes, couvrir et réfrigérer.

Saupoudrer de cannelle avant de servir.

Conseil

Pour un effet visuel intéressant, faites un dessert moitié-moitié en mettant une quantité de pouding au fond des coupes et couvrez avec la même quantité de gélatine (ex.: aux fraises).

PRÉPARATION **15 min** CUISSON **1 h** PORTIONS **10 à 12**

Crème caramel Dalal

Ingrédients

1,5 litre (6 tasses) de lait
300 g (1¼ tasse) de sucre granulé
12 œufs
½ c. à café (½ c. à thé) de zeste de citron
2 c. à café (2 c. à thé) d'essence de vanille pure

Caramel :
240 g (1 tasse) de sucre granulé
½ c. à café (½ c. à thé) de jus de citron

Préparation

Dans une casserole, faire chauffer le lait et le sucre à feu moyen jusqu'à dissolution du sucre. Retirer du feu et laisser refroidir à température ambiante.

Préchauffer le four à 200 ºC (400 ºF).

Caramel : Dans une autre casserole, dissoudre 240 g (1 tasse) de sucre granulé avec le jus du citron. Porter à ébullition à feu élevé jusqu'à ce qu'il soit de couleur caramel.

Verser le caramel dans un moule à cheminée et bien enduire les contours. Mettre le moule dans une plaque à biscuits à bords élevés.

Dans un bol, fouetter les œufs avec le zeste et la vanille. Ajouter le lait sucré. Bien mélanger et verser dans le moule.

Verser de l'eau chaude dans la plaque à mi-hauteur hauteur du moule pour faire un bain-marie. Cuire pendant 1 heure.

Retirer le moule du four et laisser refroidir à température ambiante. Laisser ensuite reposer au réfrigérateur pendant 12 heures.

Pour démouler, faire glisser un couteau tout autour du gâteau et démouler dans une grande assiette creuse.

Cette recette permet de réaliser une crème caramel sans difficulté.

PRÉPARATION **15 min** CUISSON **1 h** RENDEMENT **1 gâteau**

Gâteau marbré

- Gateau lonéne -

Ingrédients

120 g (½ tasse) de beurre à température ambiante
480 g (2 tasses) de sucre granulé
6 œufs
1 c. à café (1 c. à thé) d'essence de vanille pure
125 ml (½ tasse) de jus d'orange
2 c. à soupe d'arak ou d'un autre alcool (facultatif)
450 g (3 tasses) de farine tout usage, tamisée
2 c. à café (2 c. à thé) de levure chimique (poudre à pâte)
125 ml (½ tasse) de lait
6 c. à soupe de poudre de cacao
90 g (¾ tasse) de noix de Grenoble, hachées grossièrement

Conseil

On peut remplacer le beurre par 250 ml (1 tasse) d'huile de canola et les noix de Grenoble par des raisins secs.

Préparation

Préchauffer le four à 180 ºC (350 ºF).

Beurrer et fariner un moule à cheminée et réserver.

Dans un bol, battre le beurre et le sucre à l'aide du batteur à main électrique. Ajouter les œufs et la vanille et bien battre.

Ajouter graduellement et à tour de rôle la moitié du jus d'orange, l'arak, la farine, la levure chimique et le lait.

Verser la moitié de la préparation dans le moule.

Dans l'autre moitié de la préparation, ajouter le cacao et le reste du jus d'orange. Bien mélanger.

Verser le mélange chocolaté sur l'autre mélange, ajouter les noix et bien mélanger. À l'aide d'une brochette, dessiner de légers zigzags dans la pâte pour faire des marbrures.

Cuire 1 heure au four.

Retirer le gâteau du four et laisser refroidir 10 minutes avant de démouler.

Lorsque les enfants étaient petits, nous apportions toujours ce gâteau lorsque nous partions en voyage. Très facile à réaliser et très savoureux, ce dessert est un incontournable pour ma famille. Réservez-en quelques morceaux pour confectionner les truffes de la page 112.

PRÉPARATION **2 à 3 heures** CUISSON **1 h** REPOS **24 h** RENDEMENT **10 à 12 pots**

Confiture de rose

- Mrabba el ward -

Ingrédients

1 kg (2 lb) de roses Hansa entières (avec la base)
500 ml (2 tasses) de jus de citron frais
2,5 kg (5½ lb) de sucre granulé
1,25 litre (5 tasses) d'eau
¼ c. à café (¼ c. à thé) d'acide citrique

Cette variété ancienne de roses produit des fleurs doubles très parfumées de couleur violacée. Elle est connue sous le nom de rose Hansa et provient d'un rosier rustique qui se trouve dans plusieurs jardins d'ici.

Préparation

Retirer les pétales des roses et en mettre une petite quantité à la fois dans une passoire. Bien remuer avec les doigts pour les débarrasser de toutes saletés, mais ne pas les rincer.

Mettre les pétales dans un grand bol, ajouter le jus de citron et pétrir quelques minutes. Presser entre les paumes afin d'extraire le plus de liquide possible. Réserver le liquide.

Mettre les pétales de rose dans une marmite à pression (autocuiseur). Ajouter l'eau et l'acide citrique. Bien fermer la marmite et, lorsqu'elle commence à siffler, baisser le feu et laisser mijoter 30 minutes.

Passer la marmite sous l'eau froide et laisser descendre la pression. Ouvrir la marmite et la remettre à feu élevé de 15 à 20 minutes pour éliminer l'excès d'eau.

Ajouter le sucre aux pétales et laisser bouillir 10 minutes. Retirer du feu. Ajouter le liquide de rose réservé et bien mélanger.

Remplir un grand récipient d'eau froide et de glace et y déposer la marmite. Remuer la confiture jusqu'à refroidissement complet.

Laisser la confiture dans la marmite à pression jusqu'au lendemain.

Verser dans des pots.

PRÉPARATION **40 min** CUISSON **4 h** PORTIONS **20 à 24**

Arc-en-ciel de melon

- Batigh mlawan -

Ingrédients

1 cantaloup
1 melon miel
1 paquet de 85 g de gélatine aux fraises
1 paquet de 85 g de gélatine à la lime
250 ml (1 tasse) d'eau bouillante
250 ml (1 tasse) d'eau froide
1 banane épluchée, en tranches
1 pomme, pelée, coupée en quartiers, puis en fines tranches

Note

Pour obtenir deux couleurs, remplissez chaque melon à moitié avec une saveur de gélatine et laissez réfrigérer pendant 30 minutes. Ajoutez l'autre saveur de gélatine et réfrigérez pendant 4 heures.

Préparation

Peler les melons et stabiliser leur base en coupant une fine tranche. Couper une tranche de 2 cm (3/4 po) sur le dessus de chaque melon. Retirer le capuchon des melons. Évider les fruits à l'aide d'une cuillère à café en prenant soin de ne pas perforer la chair. Retourner les melons sur du papier absorbant et laisser égoutter de 10 à 15 minutes.

Diluer séparément chaque paquet de gélatine dans 125 ml (1/2 tasse) d'eau bouillante. Bien mélanger jusqu'à dissolution complète. Ajouter 125 ml (1/2 tasse) d'eau froide dans chaque bol et bien remuer. Réfrigérer de 5 à 10 minutes.

Mettre des bananes et des pommes dans chaque bol. Verser à l'aide d'une cuillère dans la cavité des melons, couvrir de pellicule plastique et réfrigérer pendant 4 heures.

Couper en pointes et servir.

Voici un dessert rafraîchissant et coloré pour une journée ensoleillée. Cette recette donne une grande quantité et elle est idéale pour le temps des fêtes.

PRÉPARATION **15 min** CUISSON **4 à 6 h** PORTIONS **10 à 12**

Millefeuilles aux biscuits

- Biscuits wa chocolat -

Ingrédients

400 g (13 oz) de chocolat noir 72 %
250 ml (1 tasse) de crème 35 % à cuisson
60 biscuits à thé
175 ml (¾ tasse) de café fort style espresso ou de jus d'orange
Framboises

Préparation

Tapisser un moule carré de 20 x 20 cm (8 x 8 po) de pellicule plastique en prenant soin de la laisser dépasser de chaque côté.

Dans une casserole, fondre le chocolat avec la crème à feu moyen.

Tremper les biscuits dans le café et étaler une couche de biscuit au fond du moule. Couvrir avec une très fine couche de chocolat. Répéter ces étapes en faisant jusqu'à cinq étages en terminant par une couche de biscuits. Réserver la moitié du chocolat fondu pour garnir. Couvrir de pellicule plastique et réfrigérer de 4 à 6 heures.

Fondre le chocolat restant à feu doux.

Retirer la pellicule plastique et renverser le gâteau. Napper de chocolat et décorer de framboises. Laisser figer le chocolat au froid avant de servir.

Déjà, à l'âge de cinq ans, je faisais ce dessert avec ma mère. J'ai ensuite poursuivi cette tradition avec mes enfants.

PRÉPARATION **15 min** REPOS **12 h** CUISSON **5 h** RENDEMENT **8 à 10 pots**

Confiture d'abricot

- Mrabba el mchmoch -

Ingrédients

1,5 kg (3 1/3 lb) d'abricots frais
1 kg (2 lb) de sucre granulé

Préparation

Couper les abricots en deux et retirer les noyaux. Ranger les fruits dans une rôtissoire résistant à la chaleur directe, face coupée vers le haut. Couvrir de sucre et laisser reposer 12 heures.

Cuire à feu doux jusqu'à dissolution du sucre. Retirer les abricots et les mettre dans une passoire. Laisser réduire le sirop de 3 à 4 heures à feu doux. Ajouter les abricots et cuire 30 minutes. Fermer le feu et laisser refroidir jusqu'au lendemain.

Verser dans des pots.

Note

Le lendemain, si le sirop est trop clair, retirez les abricots et laissez réduire le sirop de 1 à 2 heures de plus.

PRÉPARATION **20 à 30 min** CUISSON **1 h 15** RENDEMENT **1 gâteau**

Gâteau à l'ananas et aux amandes

- Gateau bel ananas -

Ingrédients

Crème pâtissière :
4 œufs
14 c. à soupe de sucre granulé
12 c. à soupe de farine tout usage
Le zeste d'un citron
1 c. à café (1 c. à thé) d'essence de vanille pure
1 litre (4 tasses) de lait

Gâteau :
450 g (3 tasses) de farine tout usage
2 c. à café (2 c. à thé) de levure chimique (poudre à pâte)
6 œufs
250 ml (1 tasse) d'huile de canola
480 g (2 tasses) de sucre granulé
125 ml (1/2 tasse) de jus d'orange
125 ml (1/2 tasse) de lait

Garniture :
2 boîtes d'ananas en tranches de 398 ml (14 oz), dans leur jus
180 g (1 1/2 tasse) d'amandes blanchies, hachées finement

Conseil

Garnissez le centre des tranches d'ananas de framboises.

Préparation

Crème pâtissière :
(on peut la faire de 12 à 24 heures à l'avance)
Mélanger les œufs, le sucre, la farine, le zeste et la vanille dans une grande casserole.

Verser le lait lentement en mélangeant à l'aide d'un fouet.

Cuire à feu moyen en remuant jusqu'à épaississement.

Retirer du feu et laisser reposer sur le comptoir pendant 15 minutes.

Bien mélanger et poser une pellicule plastique directement sur la crème. Laisser refroidir au réfrigérateur.

Gâteau :
Préchauffer le four à 180 °C (350 ºF).

Beurrer et fariner un moule de 30 cm (12 po) de diamètre et réserver.

Tamiser la farine et la levure chimique. Réserver.

Dans un bol, à l'aide du mélangeur électrique, battre les œufs, l'huile de canola et le sucre de 4 à 5 minutes. Mélanger, en alternant avec les ingrédients secs, le jus d'orange et le lait.

Verser la préparation dans le moule et cuire au four pendant 1 heure.

Retirer du four et laisser refroidir 10 minutes avant de démouler.

Montage :
Couper le gâteau dans le sens de l'épaisseur. Arroser l'intérieur des deux moitiés du gâteau avec le jus d'une boîte d'ananas.

Hacher la moitié des ananas et réserver.

Étendre le quart de la crème pâtissière sur la partie inférieure du gâteau. Étaler l'ananas haché sur toute la surface. Saupoudrer avec 60 g (1/2 tasse) d'amandes et couvrir avec l'autre moitié du gâteau.

Couvrir toute la surface du gâteau d'une bonne couche de crème pâtissière.

Saupoudrer avec le reste des amandes et garnir avec les tranches d'ananas restantes.

Ce gâteau est le préféré de mon mari. Il a goûté celui de ma mère la toute première fois il y a 30 ans et je continue de le faire chaque année pour son anniversaire.

PRÉPARATION **10 min** CUISSON **1 h** PORTIONS **10 à 12**

Pouding au riz à l'eau de fleur d'oranger

- Rez bi halib -

Ingrédients

2 litres (8 tasses) de lait
250 g (1¼ tasse) de riz calrose, bien rincé
240 g (1 tasse) de sucre granulé
2 c. à soupe d'eau de fleur d'oranger
Cannelle moulue au goût (facultatif)

Préparation

Chauffer le lait à feu moyen dans une casserole à fond épais sans faire bouillir.

Ajouter le riz, bien mélanger et baisser le feu. Laisser mijoter de 40 à 60 minutes, jusqu'à épaississement, en remuant fréquemment.

Ajouter le sucre et cuire pendant 5 minutes en remuant.

Retirer du feu et ajouter l'eau de fleur d'oranger.

Verser dans des coupes individuelles, laisser reposer 30 minutes, couvrir et réfrigérer. Saupoudrer de cannelle moulue au goût et servir.

Mon mari et mes enfants aiment manger ce plat pour déjeuner avec du fromage.

PRÉPARATION **5 min** CUISSON **5 à 10 min** RENDEMENT **de 1 à 1,2 litre (4 à 5 tasses)**

Sirop de rose

- Charab el ward -

Ingrédients

1 litre (4 tasses) d'eau
2,4 kg (10 tasses) de sucre granulé
1 c. à soupe de jus de citron
1 bouteille de 300 ml (10 1/2 oz) d'eau de rose
Quelques gouttes de colorant rouge

Note

Pour faire une boisson rafraîchissante fort appréciée en été, versez 60 ml (1/4 tasse) de sirop et 175 ml (3/4 tasse) d'eau dans un grand verre. Remuez, ajoutez de la glace concassée et décorez avec de la menthe fraîche.

Préparation

Dans une grande casserole à fond épais, porter à ébullition l'eau, le sucre et le jus de citron. Laisser bouillir pendant 5 minutes.

Ajouter l'eau de rose et quelques gouttes de colorant pour obtenir une belle couleur rose. Laisser bouillir 1 minute.

index des recettes

index arabe des recettes

Remerciements

Je tiens avant tout à remercier mon mari pour sa patience et son soutien, ainsi que mes deux garçons, Elie et Rémi, qui m'ont épaulée tout au long de ce projet. Je remercie également Pierre, qui m'a poussée et encouragée pendant vingt-cinq années à écrire ce livre, et Suzanne, qui a fait de ce rêve une réalité. Didier, merci beaucoup d'avoir toujours été là pour moi lorsque j'en avais besoin. Je remercie aussi Simon, Rémi et Dima pour leur aide à la rédaction des textes.

Je suis très reconnaissante envers toute l'équipe des Éditions de l'Homme, et tout particulièrement envers Pascale Mongeon, Linda Nantel et Erwan Leseul, qui m'ont accompagnée tout au long de la production de ce livre.

Un immense merci enfin à tous mes parents, amis et connaissances qui m'ont encouragée ou aidée à leur manière à un moment ou à un autre de ce travail de création. Vos noms sont inscrits dans mon cœur avec gratitude.

table des matières

Achevé d'imprimer au Canada